教育部哲学社会科学重大攻关项目“贫困治理效果评估机制研究”
阶段性研究成果（项目批准号：16JZD025）

中国减贫政策与实践：热点评论（2019-2020）

POVERTY REDUCTION POLICIES AND PRACTICES IN CHINA:HOT SPOTS

张琦 著

经济日报出版社

图书在版编目（CIP）数据

中国减贫政策与实践：热点评论．2019－2020／张琦著．--北京：经济日报出版社，2020.7

ISBN 978－7－5196－0685－5

Ⅰ．①中… Ⅱ．①张… Ⅲ．①扶贫－经济政策－研究－中国 Ⅳ．①F126

中国版本图书馆 CIP 数据核字（2020）第 111296 号

中国减贫政策与实践：热点评论（2019－2020）

作　　者	张　琦
责任编辑	黄芳芳
责任校对	温　海
出版发行	经济日报出版社
地　　址	北京市西城区白纸坊东街 2 号 A 座综合楼 710（邮政编码：100054）
电　　话	010－63567684（总编室）
	010－63584556（财经编辑部）
	010－63567687（企业与企业家史编辑部）
	010－63567683（经济与管理学术编辑部）
	010－63538621　63567692（发行部）
网　　址	www. edpbook. com. cn
E － mail	edpbook@ sina. com
经　　销	全国新华书店
印　　刷	北京建宏印刷有限公司
开　　本	710 × 1000 毫米　1/16
印　　张	11. 75
字　　数	180 千字
版　　次	2020 年 7 月第 1 版
印　　次	2020 年 7 月第 1 次印刷
书　　号	ISBN 978－7－5196－0685－5
定　　价	52. 00 元

前　言

习近平总书记一直关注扶贫工作，从战略和全局的高度对我国扶贫开发做出了一系列回应，对如何认识新时期中国农村贫困问题，以及如何构建新时期的国家贫困治理体系发表了一系列重要的论述，做出了一系列重要指示和批示，形成了逻辑严密、体系完整、内涵丰富的扶贫思想体系。2020 年，我国现行标准下农村贫困人口必将如期全部脱贫，贫困县也将会全部摘帽，消除绝对贫困。

党的十九大报告将精准脱贫与防范化解重大风险、污染防治一起作为决胜全面建成小康社会的三大攻坚战。2020 年的中央一号文件明确指出，要做好实施乡村振兴战略与打好精准脱贫攻坚战的有机衔接。实施乡村振兴战略要和精准脱贫攻坚相互配合、相互支撑、统筹推进，只有打赢脱贫攻坚战，才能为乡村振兴奠定良好制度和物质基础，真正实现乡村振兴，实现“两个一百年”奋斗目标。

在 2019 年，我和我的团队继续对扶贫、脱贫的热点问题进行了持续性研究分析，从而形成了这一汇集本。它主要记载了我们对中国减贫政策与实践问题的一点看法、思考和建议，供大家参考批评。

张琦

2020 年 4 月

目录

第一部分　中国减贫政策与实践：月度评论（2019 年—2020 年）

跨越绝对贫困后的多维反贫困新目标

（2019 年 1 月国内外减贫热点专题评论）

党的十八大以来，我国采取超常规举措，以前所未有的力度推进脱贫攻坚。2019 年召开的中央经济工作会议继续将脱贫攻坚作为 2019 年三大攻坚战之一，放在突出位置进行安排部署，足以看出国家对扶贫工作的高度关注，同时也保证了到 2020 年，我国现行标准下农村贫困人口必将如期全部脱贫，贫困县也将会全部摘帽，绝对贫困消除。那么这是否意味着 2020 年后我国就告别贫困了？答案是否定的，贫困依然是未来相当一段时间内中国仍须关注和着力解决的关键问题之一。不同之处在于，跨越绝对贫困门槛后，我国扶贫工作将面临新的目标、新的要求、新的对象等一系列新问题，叠加了更多的复杂性。扶贫工作在逐渐走向质量提升和现代化发展的同时，亟须采取新的战略以应对多维贫困时代的新挑战，提早制定多维反贫困的新目标和新使命。

一、多维贫困时代中国减贫的新目标

2020 年全面建成小康社会，标志着我国长期存在的农村收入型绝对贫困的基本终结，以缩小区域与城乡收入差异、社会公共服务不平等、多维贫困等为主要特征的相对贫困的缓解将成为未来我国扶贫工作的重点。

第一，缩小收入差距，促进收入分配更加公平。这里所讲的差距不仅包括城乡收入差距，还包括区域间以及农村内部的差距。尽管通过脱贫攻坚等农村发展战略的拉动，我国农村居民的收入水平得以快速提升，城乡差距扩大趋势得到了初步遏制，但是城乡差距仍处在较高水平上。2018 年上半年的数据显示，我国城乡差距最大的省份中，城镇居民人均可支配收入是农村居民可支配收入的近10倍。此外，中西部与东部沿海地区农民收入差距逐步扩大的同时，农村内部收入不平等也在加剧，收入不平等已经成为农村贫困的主要问题之一。因此，缩小城乡之间、地区之间的发展差距，实现平衡性和包容性的发展将成为未来我国减贫工作新的目标。

第二，解决能力贫困，提高减贫的可持续性。跨越绝对贫困门槛后，单一的收入贫困便无法客观反映我国农村真实的贫困情况，因此，衡量贫困的标准应该从多个维度进行定义和考量，其中能力贫困是一个非常重要的方面。如果贫困人口没有掌握摆脱贫困的能力，未来他们依然需要救济；如果脱贫人口没有掌握创造财富的能力，未来他们极有可能会返贫；如果低收入的非贫困人群没有掌握提高收入的能力，未来他们可能会跌入贫困的陷阱。能力贫困是决定扶贫成效是否具有可持续性的关键因素。因此，在多维贫困时代，解决能力贫困问题，提高相对贫困人口应对贫困和抵御风险的能力是扶贫工作的重要目标。

第三，消除生态贫困，实现人与自然共生共荣。自然环境脆弱以及生态破坏导致的贫困，极易衍生出其他贫困，如收入贫困、信息贫困，严重阻碍区域的可持续发展。越来越多的证据表明，生态贫困已经成为我国大部分地区贫困的区域性特征。尽管目前我们在生态减贫方面已经做出了一定的成绩，但是这些探索尚不完善，未来解决多维贫困问题必须将消除生态贫困作为重要任务，进一步完善社会发展、经济发展和生态环境改善的全方位综合监测体系以及考核评价标准，定量客观地综合监测和评估各个地区的生态贫困状况，从国家层面对各个地区生态贫困的程度及其原因进行全方位分析，从而全面消除生态贫困，实现人与自然和谐发展。

二、多维贫困时代中国减贫的新对象

第一，未来中国减贫的对象是相对贫困人口。十八大以来的脱贫攻坚战略将实现现行标准下的绝对贫困人口全部脱贫。随着绝对贫困人口的消失，未来我们减贫的对象将转向相对贫困人口。与此同时，中国减贫将进入一个新的阶段，这个阶段的主要矛盾就是相对贫困问题。目前，我们应该考虑设置合理的相对贫困线，确定2020年后一段时期内的相对贫困人口。

第二，教育薄弱的群体是未来减贫的重要帮扶对象。在知识经济时代，信息科技的发展一日千里，社会急剧变化，有的人会因为跟不上时代的要求而落伍。对比贫困和非贫困人口的结构性特征，教育程度低始终与较高规模的贫困程度联系在一起。受教育程度较低容易丧失在市场中的竞争优势，从而影响到家庭的整体增收情况，甚至影响到下一代的发展。因此，教育薄弱的群体尤其是儿童将是未来减贫的重点对象。

第三，生态脆弱地区的贫困人口是未来减贫的重点人群。良好的生态环境是人类赖以生存的根基，也是人类发展的前提。相关研究也证明，生态脆弱性与贫困存在较强的相关性，生态环境越脆弱的地区，其经济贫困程度越深。十八大以来，我国对生态环境差、贫困程度深的地区加大扶贫投入力度，并取得了显著成效。但是，这些地区是难啃的“硬骨头”，2020年只能保证实现基本的脱贫目标，进入多维贫困时代以后，生态脆弱地区无疑是减贫的重中之重。

三、多维贫困时代中国减贫的战略重点

第一，继续坚持精准扶贫基本方略。在习近平精准扶贫方略的指导下，我们定会如期完成2020年打赢脱贫攻坚战的目标。那么，未来精准扶贫还需要继续坚持吗？当然，2020年以后扶贫工作必须继续坚持精准扶贫方略，并根据新阶段的特点不断调整和完善该方略。以贫困人口的识别为例，在多维扶贫时代，对相对贫困人口的识别要相应地引入更多维度，在现有维度基础上，将生活质量、平等机会等多种要素纳入考量范围，提高识别的精度。

第二，建立新型的减贫治理体系。进入多维贫困时代，减贫治理体系应该随着整个贫困形态的变化进行相应的变革，以适应贫困的新特点。一是减贫职能常规化，从中央到地方、从省到县将减贫纳入政府日常职责序列中。二是减贫职能由分散型向集中型转化，将城乡减贫融为一体，将减贫与社会保障和救济融为一体，兼顾地区之间协同、城乡之间协同、政府和社会的协同，打破碎片化的贫困治理状态。

第三，重点优化教育帮扶政策。教育是提高贫困人口基本文化素质和脱贫致富内生能力的根本手段，是阻断贫困代际传递，并最终实现稳定长久脱贫的重要保障，也是多维贫困时代减贫战略的迫切需要，必须摆在首要位置。未来教育扶贫政策应在促进教育均等化的同时，继续重视并强化对相对贫困家庭儿童的教育和相关群体的教育培训。

第四，全面推进绿色减贫。绿色减贫是破解生态贫困难题的根本手段。因此，2020 年后的减贫战略依然要把坚持绿色发展作为重要的指导思想，把绿色发展理念贯穿到扶贫减贫的全过程。依托乡村振兴，充分发挥贫困地区天然的自然禀赋优势，并转换为贫困地区发展的现实动力源泉，将绿色发展理念全面推行。

打赢脱贫攻坚的理论与实践指导，引领未来共同富裕的思想基础

（2019年2月国内外减贫热点专题评论）

贫困是我国长期以来面临的一个难题，习近平总书记一直关注扶贫工作，尤其是十八大以来，从战略和全局的高度对我国扶贫开发做出了一系列回应，对如何认识新时期中国农村贫困问题，以及如何构建新时期的国家贫困治理体系发表了一系列重要的论述，做出了一系列重要指示和批示，形成了逻辑严密、体系完整、内涵丰富的扶贫思想体系。这一思想根植于我国减贫和发展的实际，建立在深厚的历史根据、科学依据之上，对中国经济社会发展的历史与现实、目标与模式、路径与方法等进行了深刻反思，具有鲜明的时代新特征、多维特点和世界性指导价值，是当前脱贫攻坚之所以能够取得如此巨大的减贫成就的决定性因素，同时也是未来解决相对贫困并最终实现共同富裕的指导思想。

一、习近平扶贫思想的内在要义及品格

习近平扶贫思想是科学的思想、先进的思想，是必须始终坚持并付诸实践的思想。之所以这样讲，主要是因为习近平扶贫思想具有时代性、发展性、多维性和一定的世界性。

第一，习近平扶贫思想是动态发展的减贫思想。发展性和反思性是任何思想体系的核心特质，是思想理论能够保持先进和科学的关键品格。应新时期减贫形势变动和打赢脱贫攻坚战的“时代呼唤”，2013年习近平总书

记提出了“精准扶贫”，实现了由大水漫灌式整体扶贫向区域瞄准式重点扶贫再向滴灌式精准扶贫的转变，构成了习近平扶贫思想的内核，指导中国脱贫攻坚的实践，并接受实践的检验，在实践中不断反思。随着精准扶贫工作的推进，实践过程中不断出现新的问题和矛盾。例如，“精神贫困”的问题和内生动力不足问题，针对这一新问题、新矛盾，习近平总书记提出注重扶贫同扶志、扶智相结合的“精神扶贫”思想。习近平扶贫思想能够根据实践自我完善和优化，创新思路和方法，始终站在时代发展的前沿。

第二，习近平扶贫思想是多维性的贫困综合治理思想。贫困并不是单一的收入贫困，而是具有广泛的多维性，涉及公共服务、精神、能力等诸多方面。习近平扶贫思想深刻地把握了贫困的这一性质，在千方百计提高贫困人口收入的同时，注重加强贫困地区基础设施的发展和教育、医疗、文化等公共服务水平的提高。此外，精神贫困、能力贫困、生态贫困等方面也被纳入扶贫工作的考量范围，提出了精神扶贫、内源扶贫、绿色减贫等重要思想。习近平扶贫思想摒弃了以往单一物质维度的扶贫思想，把贫困真正理解为多个维度的贫困，实现了扶贫理论视角的转换，从单一转向了多维与综合。

第三，习近平扶贫思想是具有世界性的反贫困思想。贫困问题不是地域性问题，而是世界性的问题。习近平扶贫思想是对我国减贫经验的总结，其中诸多思想理念不仅符合发展中国家的贫困状况，对于发达国家的反贫困理论和实践也具有极大的示范效应和借鉴意义。首先，“精准扶贫”是习近平扶贫思想的内核，是最具世界意义的思想之一。“精准”讲究的是因地因人制宜，从贫困户的识别、寻找贫困根源、制定扶贫方案到扶贫政策评估实现全过程的精准化，具有较强的科学性、系统性和参考性。其次，“内源扶贫”是扶贫的根本之策，应成为各个国家贫困治理的根本出发点。习近平的内源扶贫思想认识到扶贫开发过程中内生动力的重要性，脱贫致富终究要靠贫困群众用自己的辛勤劳动来实现，激发内生动力，提高自我发展能力，变“输血”为“造血”，才能实现真正的脱贫。这一思想是放之四海而皆准的科学理念。最后，“绿色减贫”是最具可持续性的扶贫思想，扩展了国际领域的生态发展论。“绿水青山就是金山银山”是习近平绿色减贫思想最生动的写照，解答了在全球环境压力如此巨大的情况下各个国家如何实现减贫的问题。当然，习近平扶贫思想的世界性不止这三点，还包括教育扶贫思想、社会扶贫思想，等等。总之，习近平扶贫思想对于回答减贫与发展领域基本问题和难题提供了有效方案，在国际社会上具有极强的学习和借鉴意义。

二、习近平扶贫思想是打赢和打好脱贫攻坚战胜利的理论武器

在习近平扶贫思想的指导下，我国的脱贫攻坚成绩斐然，贫困人口大幅减少，各项基础设施和公共服务水平显著提升，全党全社会对中国特色社会主义的道路自信、理论自信、制度自信和文化自信显著增强。这些非凡成就的取得证明了习近平扶贫思想的科学性和有效性。

第一，习近平扶贫思想为脱贫攻坚指明了正确的方向和道路。任何战役的胜利都离不开正确的目标定位和方向选择。扶贫战役具有阶段性，扶贫工作的开展必须制定阶段性的目标和路径。习近平扶贫思想中指出现阶段脱贫攻坚的主要目标和任务是消除绝对贫困。在这一目标的指引下，党的十八届五中全会提出了我国脱贫攻坚的新目标，明确到2020年我国现行标准下农村贫困人口实现脱贫，贫困县全部摘帽，解决区域性整体贫困。围绕这一目标任务，党和国家对脱贫攻坚的基本方略、政策框架、责任体系等方面做出了一系列部署，确保了脱贫攻坚在正确的轨道上运行。

第二，习近平扶贫思想为脱贫攻坚提供了科学的方法和途径。“工欲善其事，必先利其器”，脱贫攻坚必须首先找到科学有效的方法。习近平总书记认为，脱贫攻坚必须发挥政治优势，坚持政府投入的主体和主导作用，坚持专项扶贫、行业扶贫、社会扶贫等多方力量有机结合的大扶贫格局，尊重贫困群众扶贫脱贫的主体地位，不断激发贫困村贫困群众内生动力。在这一思想的指引下，我国创新了一系列行之有效的脱贫攻坚制度和手段，包括五级书记齐抓扶贫的严格责任制度、第一书记和驻村工作队制度、东西部扶贫协作以及精神扶贫、教育扶贫等具体模式。

此外，在习近平总书记扶贫开发战略思想的指引下，各地坚持精准扶贫精准脱贫的基本方略，坚持因地制宜抓好政策落实，在实践中勇于创新形成了丰富的地方模式。

第三，当下脱贫攻坚的巨大成就是习近平扶贫思想正确性的有力印证。在实践中取得的成效是对思想理论是否科学的最好证明，当下脱贫攻坚的成果显示习近平扶贫思想是正确的选择，是我国脱贫攻坚战役取得胜利的

根本保证。十八大以来，脱贫攻坚成就显著，我国农村贫困人口显著减少，全国农村贫困人口从 2012 年的 9899 万人减少到 2017 年的 3046 万人，农村贫困人口年均减少 1000 万以上，贫困发生率持续下降，解决区域性整体贫困迈出坚实步伐，贫困地区基础设施和公共服务显著改善，脱贫攻坚政治经济社会效益全面，脱贫攻坚深得人心。扶贫工作的可喜成绩也增强了当代中国的道路自信、理论自信、制度自信和文化自信。未来应当继续坚持和弘扬习近平扶贫思想，走中国特色社会主义扶贫道路，创造更加辉煌的减贫成就。

三、习近平扶贫思想也是多维贫困新时代解决相对贫困的根本遵循

到 2020 年，中国必然消除绝对贫困，在打赢脱贫攻坚战进入多维贫困时代以后，扶贫减贫的目标、战略、政策体系等需要进一步调整，以迎接解决相对贫困问题、实现共同富裕的使命和任务，但其中有一点不会变，就是将习近平扶贫思想作为未来继续牢牢把握的根本指导思想。

第一，习近平扶贫思想为破解相对贫困、问题、实现共同富裕奠定了坚实基础。首先，五级书记抓扶贫的责任制度为实现共同富裕提供了政治保障。脱贫攻坚阶段建立了各负其责的责任体系，形成了五级书记抓扶贫的制度，将扶贫资源配置的重心进一步下沉到县，缩短政策安排与政策需求之间的决策执行链条，大大提高了政策执行能力。其次，全社会合力扶贫的局面为实现共同富裕提供了力量支撑。专项扶贫、行业扶贫、社会扶贫、东西部扶贫协作等多方力量有机结合的大扶贫格局，充分发挥各方面的积极性，凝聚了扶贫的要素和资源。再次，精准扶贫大数据系统的建设为破解相对贫困提供了数据平台。精准扶贫所构建的数据系统是新时期中国农村贫困的“底数”，为相关政策安排提供坚实的信息基础。在数据平台不断摸索和改进中渐渐提升了贫困治理的信息汲取能力，将有助于提高多维贫困政策安排的科学化程度。最后，习近平扶贫思想为实现共同富裕打造了一支强有力的干部队伍。在脱贫攻坚的实战中，不仅扶贫干部得到了锻炼，而且参与到扶贫事业中的所有人都在习近平扶贫思想的教育之下增强了对贫困的理解和认知，为 2020 后相对贫困的解决培养锤炼了一大批干部和人才，必将成为提升农

村贫困治理水平，促进乡村振兴，最终实现共同富裕的重要力量。

第二，习近平扶贫思想为2020后解决多维贫困注入了“绿色可持续的动力源泉”。多维贫困的一个重要维度就是生态贫困，因此，绿色减贫是进入多维贫困时代后减贫的必然选择。习近平扶贫思想将社会经济目标和生态目标相结合，要求不仅要取得经济增长，而且包括环境质量的不断改善，并要求社会发展必须保证人类对环境资源的永续利用。作为新的社会经济发展的原则和基础，习近平总书记关于绿色减贫的诸多思想将为多维贫困时代的减贫工作树立绿色的发展方向。事实上，习近平绿色减贫思想已经在扶贫实践中取得了明显成绩，并探索出一系列绿色减贫的创新制度、创新模式和方法，包括生态补偿制度、生态产业扶贫、旅游扶贫、文化扶贫，等等，充分发挥了贫困地区天然的自然禀赋优势，并转换为贫困地区发展的现实动力源泉。这些有益的绿色探索和尝试将有助于在多维贫困时代走出一条具有中国特色的富有生命力的绿色减贫道路，推动绿色发展理念全面贯彻。

第三，习近平扶贫思想为实现全世界人类命运共同体提供了中国方案和中国智慧。贫困是世界性的难题，消除贫困是世界各国共同的理想与目标。在致力于消除本国贫困创新扶贫思路的同时，习近平总书记提出构建“一个没有贫困的人类命运共同体”的思想，为帮助其他国家消除贫困问题，实现全世界的共同富裕指明了道路和方向。一方面，习近平扶贫思想中关于国内减贫的先进理论和模式将为其他发展中国家摆脱贫困提供经验借鉴。习近平扶贫思想中具有世界性意义的观点，如精准扶贫、内源扶贫、社会扶贫、绿色减贫等，能够为其他国家提供直接有效的路径选择，推动广大发展中国家摆脱贫困；另一方面，构建人类命运共同体的思想从世界的角度指出了解决多维贫困的有效途径。多维贫困的一个重要方面是权力的不平等、机会的不平等，而构建人类命运共同体就是要从全球的角度消灭不平等，实现全世界的平等发展、共享繁荣，是解决各个国家贫困问题以及当下全球化过程中出现的不公平问题的有效途径，是使各个国家、民族和人民共享世界历史发展成果，共享人生出彩机会的必然选择。

论教育扶贫的特殊地位和作用

（2019年3月国内外减贫热点专题评论）

教育扶贫是实现精准扶贫的重要路径之一，在扶贫脱贫中取得了明显成效，深受贫困地区的欢迎。之所以这样，笔者认为关键还是教育扶贫在扶贫脱贫中有着特殊的地位和作用。具体表现在：

一、教育扶贫的地位

如期打赢和打好脱贫攻坚战已经成为我国当前最大的政治责任和第一民生工程。“两不愁三保障”作为实现贫困县脱贫摘帽和贫困人口全部脱贫的底线目标也已经成为脱贫攻坚的主要任务，其中保障义务教育是一项重要内容。《“十三五”脱贫攻坚规划》明确提出，“到2020年，贫困地区基础教育能力明显增强，职业教育体系更加完善，高等教育服务能力明显提升，教育总体质量显著提高，基本公共教育服务水平接近全国平均水平。”作为贫困地区脱贫治本之策的教育扶贫，是顺利实现脱贫攻坚的重要保障，是贫困人口脱贫的基本要求，更是实现稳定脱贫的前提条件。

二、教育扶贫的作用和特殊优势

教育扶贫通过弥补贫困地区教育短板以提高贫困人口基本文化素质，发展职业教育以提高贫困家庭脱贫致富内生能力，统筹各类教育均衡发展，阻断贫困代际传递，并最终实现贫困地区稳定而长久的脱贫。充分发挥教育在扶贫攻坚中的基础性、先导性作用，既是当下全面建成小康社会的支撑，也是后小康时期强国战略的需要。

（一）教育扶贫是阻断贫困代际传递的根本之策。习近平总书记多次强调："扶贫必扶智。让贫困地区的孩子们接受良好教育，是扶贫开发的重要任务，也是阻断贫困代际传递的重要途径。"从贫困的代际传递来看，父辈的人力资本水平是其家庭获得收入的重要因素，上一代所拥有的人力资本、社会资本可能通过代际传递的方式影响下一代。教育为贫困地区的贫困人口实现纵向流动、阻断代际传递提供了可能，许多贫困家庭的子女通过努力提高受教育水平，获得更高的人力资本和社会资本积累，打破了贫困恶性循环的链条。贫困地区教育具有很强的正外部性特征，它不仅可以斩断贫困的恶性循环链，还能为贫困地区的经济社会发展输送优质的人力资源，有助于加快贫困地区群众增加收入的步伐，为缩小我国居民收入差距发挥重要作用。

（二）教育扶贫是提升扶贫脱贫质量和可持续性扶贫的有效路径。教育不仅是一项权利，同时也是对人们可持续发展能力的投资。不可否认，依赖外部物力投资，在一定时期内，贫困家庭可以获得一定的经济收入增长，但是如果不重视人力投资，人力资本水平得不到提高，外部力量撤走之后，"返贫"现象极易发生，如此一来影响扶贫、脱贫的质量。

扶贫、脱贫的关键是贫困人口能力的提升，不仅包括生计能力，更重要的是发展能力的提升以及适应市场经济发展等综合素质和能力的全面提升，只有这样，扶贫脱贫才具有可持续性，脱贫的质量才会提高，才会减少和降低"返贫"现象。因此，从长远来看，要从根本上消除贫困，就要将教育作为摆脱贫困的治本之策，从而提升贫困地区及贫困人口脱贫的可持续性。

（三）教育扶贫是培育贫困人口内生动力的重要内容。扶贫与"扶志""扶智"相结合，是习近平总书记扶贫重要论述的深刻内涵。"扶志"就是要把贫困农民自己主动脱贫的志气"扶"起来，增强他们脱贫增收的主观能动性。"扶智"就是从农村普通教育、职业教育、农技推广等方面或是通过升学、转换职业等方式实现劳动力转移，或是培育有科技素质、有职业技能、有经营意识与能力的新农民。"扶志"与"扶智"都要依靠教育扶贫，教育扶贫的成效不仅可以产生经济效益，而且可以产生精神力量。当前为了有效解决脱贫攻坚过程中的难题，必须激发贫困主体的内生动力，形成可持续发展动力，发挥教育在扶贫开发中的关键性作用，把"外部推动”和“内生动力”有效结合，实现“输血”式扶贫向“造血”式扶贫的转变，这样才能真正增强扶贫脱贫的动力源泉。教育扶贫就是营造起“扶志”“扶智”的环境，解决人的素质先脱贫，转变一些贫困人群的“等靠要”观念，引导贫困农民家庭主动发展致富。因此，国家明确了教育优先的战略定位，贫困地区的教育发展和教育扶贫是优先中的优先，得到了国家政策的大力支持，这也是教育扶贫的特殊优势。

脱贫摘帽后的扶贫脱贫：需要重点解决的问题

（2019年4月国内外减贫热点专题评论）

十八大以来，脱贫攻坚取得辉煌成就，2012年到2018年，我国农村贫困人口由9800多万减少到了1386万，连续6年超额完成千万减贫任务，贫困发生率从10.3%下降到了1.7%。截至2018年年底，全国已有153个贫困县宣布脱贫摘帽，取得了巨大成效。此时，我们面临两大重点任务：一是未脱贫的县如何实现脱贫摘帽的目标任务；二是脱贫摘帽后的县所面临的巩固和提升的新任务和新目标如何来部署。

对于第一项任务由严格的考核目标和制度来保证，但对于脱贫摘帽后的考核目标和标准，目前还没有严格的规定，往往容易被忽视。北京师范大学中国扶贫研究院最近几年连续承担多项脱贫政策效果评估、贫困县退出第三方评估、脱贫攻坚成效第三方年度考核、定点扶贫考核、全国150多个贫困村固定点观测调研、全国返贫问题研究等跟踪调研，常见的问题归纳起来主要是：从脱贫户层面来看，主要是亟须巩固脱贫成果，提高脱贫质量，防止返贫；从村级层面来看，还需要继续加强基础设施建设，拓展集体经济收入来源，提升村级单元的发展能力；从区域层面来看，还需要加强对区域经济发展的支持，特别是加强对贫困地区中小微企业的支持，通过区域的经济发展，实现可持续脱贫。从扶贫工作层面上看，还需要更精准、更有序、更有效。针对以上问题，笔者建议国家在近期的扶贫脱贫工作中给予高度重视，从而确保全面贯彻习近平新时代精准扶贫和精准脱贫思想，并确保高质量、高水平地实现2020年脱贫攻坚目标。

一、脱贫户层面：巩固脱贫成果、防止返贫

第一，通过就业手段，解决西部地区脱贫质量不高的问题。受区域条件制约，一些西部地区、民族地区、艰苦山区存在较大面积的脱贫质量不高的问题，需要有效的就业脱贫手段提升脱贫质量。我们在全国22个省150个贫困村调研发现，一些脱贫户依靠政策兜底、在县城打临工勉强脱贫。这些脱贫户，收入勉强超过贫困线，除转移收入外，也无长期、固定的收入来源。由于没有专业技能，他们多是找一些乡镇、县城周边的临时工作，大多数是纯体力活。这类脱贫户数量不小，是容易返贫的群体，因而要防止他们因就业不稳定返贫。对于此类地区的人群，我们建议从解决长期稳定就业着手，通过行之有效的职业培训、有组织的劳务转移，实现长期、持续、稳定脱贫。

第二，重视产业扶贫的市场风险，防止因市场大幅波动导致农民返贫。近几年，贫困地区新增了大量的苹果、核桃、猕猴桃、茶叶、食用菌等经济作物的种植，也建设了不少养殖场。少数贫困村盲目跟风，缺少差异性思维，发现周边什么产业“火”，就上马什么产业，造成产业同质化严重，出现了产量大于市场需求的现象。2017年、2018年，已经出现了一些扶贫产业市场价格大幅下跌的情况。目前需要对高度同质化的扶贫产业的市场风险引起足够的重视，特别是要防止因市场波动导致农民返贫的现象发生。

第三，解决边缘户的发展问题，防止出现“政策型”差别。我们在贫困县退出第三方评估过程中，发现很多脱贫户乃至贫困户生活、生产条件大幅超过边缘户。很多边缘户就处在“漏评”的边缘，特别是一些单劳力、多人口、多子女的家庭。这些边缘户的生活比较困难、增收渠道有限，其中大多数人有“扶贫政策不公平”的感受，认为自己才应该是被帮扶的对象。同理，贫困村和非贫困村的差距目前也已经显现。我们建议，在条件较好、脱贫人口较多的县，可以适当关注边缘户的问题，统筹解决贫困户和边缘户的问题。此外，在县域层面，建议尽早建立统一规划、协同发展的机制，在县域经济层面加强对非贫困村的产业支持、财政金融政策支持，等等。

二、村级层面：强基固本，拓展收入来源

第一，补齐基础设施建设短板。少量出列村基础设施的质量仍然存在较大问题，这类村庄主要集中在非平原地区，当然，非贫困村的此类问题更为突出。主要表现：通信信号普遍存在短板，部分村庄除了村部，其他区域基本没有信号；一些村庄的水质与老百姓期望差距较大；个别村还存在行路难的问题；一些脱贫户还住在“破房、旧房”中，这些房屋虽然不是C、D类危房，但实际上处在危房的边缘，一场大雨就有可能让这些房屋变成危房。对于这些出列村（包括一些脱贫人数较多的非贫困村），亟须继续加强贫困地区农村路、电、水、通信等基础设施建设，建议结合乡村振兴战略，加强农村环境和村容治理。

第二，拓展村集体收入来源。出列村集体收入虽然达标，但普遍存在来源单一、难以持续等问题，亟待拓展收入来源。目前绝大多数村集体收入依靠土地、财政资金等资源“入股分红”，产业对村集体收入的支撑非常有限。也有部分是依靠村级光伏电站作为收入来源，但从实际情况来看，村级光伏电站建设并网相对滞后，这部分收入拖欠情况较为严重。此外，由于历史原因，大部分出列村还有不少的历史债务，这些债务的化解对村集体经济也是不小的压力。

三、区域层面：区域发展带动可持续脱贫

重视区域经济发展，通过区域发展带动贫困户持续增收、脱贫。相比到村到户的支持，对区域经济发展的支持相对较少，精准扶贫以来，大量的资源、人力、精力都瞄准在村、户、人的层面，尤其是各级政府的支持资金，支撑区域经济发展的中小微企业获益很少。目前来看，贫困地区中小微企业能够获得的支持大多是税费减免、用地政策优惠，这些政策对企业发展帮助有限。中小微企业长期以来存在的融资难、发展难问题还是很难解决，扶贫小额信贷“户贷企用”叫停之后，贫困地区中小微企业很难再获得实质性的支持。从调研情况来看，扶贫效果较好的中小微企业，大部分是大量收购农产品或者大量吸纳农村劳动力的农业生产、加工企业，这些企业生产成本高、对资金需求量大、利润较低，这类企业面临融资贵、融资难的问题。因此，有必要加强对贫困地区这类企业的支持，通过发展

区域经济，带动贫困户可持续增收。通过发展特色种植养殖、旅游休闲等区域层面的产业，引导贫困户积极参与，实现可持续脱贫。

四、扶贫工作层面：更精准、更有效、更有序

第一，用精准扶贫思维开展工作。“大水漫灌、普惠扶贫、拔高标准”等思维仍然存在，脱贫攻坚后三年，执行政策还需要更加精准。表现突出的是各种拔高标准的全覆盖，特别是“摘帽导向”导致对“两不愁三保障”领域的高标准全覆盖。例如，个别地方出现了“危房改造全覆盖”，超过80%的建档立卡户享受过各种危房改造、建房补贴政策。政策执行既不严肃，也造成了很大的浪费。这些情况，具体的政策执行需要及时整改，更需要“精准扶贫”的扶贫思维。

第二，将扶贫项目库建设落到实处，解决资金、项目对接困局。目前来看，扶贫工作还缺乏资金、项目、需求的协调机制，各地普遍存在扶贫资金、项目、需求之间协调不通畅的问题，经常出现财政资金拨付慢、贫困村项目需求响应慢的困局。我们在多个县调研时发现，由于扶贫项目库建设不到位，经常会出现扶贫资金缺乏合适的投放渠道，导致突击花钱、盲目花钱、急着花钱的情况，因而出现多方困局：贫困村有项目没有启动资金，扶贫办有扶贫资金没有可行性项目，金融系统支持项目要求高、办理速度慢。国务院扶贫办已经于2018年3月下发了相关的文件，建议加强加快扶贫项目库建设，将项目库建设落到实处。

第三，解决脱贫不脱政策导致的政策依赖问题，以及历史遗留问题导致的扶贫资源浪费问题。由于超常规的投入，不断提高了贫困户对政策红利的预期，加大了一些政策的实施成本，也导致了贫困户对政策过度依赖，助长了“等靠要”的依赖思想。此外，在“脱贫户”群体中，实际上存在大量的错评户（精准识别不准确而纳入建档立卡系统的农户），各地对这些户是通过“脱贫”的形式“剔除”的，其中一部分是“脱贫不享受政策户”，另外一部分是“脱贫享受政策户”。根据我们在西部某县调研的估算，这些“错评户”里的“脱贫享受政策户”，大概占脱贫户总数的15%。这一群体仍然能够享受各种扶贫政策，这无疑是资源的浪费。我们建议，一是尽快探索恰当的“脱贫脱政策”的机制，或者明确哪些政策可脱，哪些政策不脱；二是彻底清理建档立卡信息系统。

第四，理顺民政和扶贫两个部门的“兜底政策”导向。从民政部门的政策框架来看，无论有没有劳动能力，其收入低于当地最低生活状况的，都应“低保兜底”。但就目前扶贫领域的宣传导向来看，有劳动能力的家庭低保覆盖比例过高经常会作为各地扶贫工作的整改理由。我们建议尽早在制度层面进行修改，一是通过“两线合一”、减量提标，缩小低保兜底范围；二是明确有劳动能力家庭低保的覆盖情形，明确哪些有劳动能力的困难家庭可以纳入低保，哪些不能被纳入。

第五，加强各方面政策的宣传，防止因不知道、不了解而没享受政策的情况。国家出台的一系列脱贫攻坚优惠政策和措施，群众并不是完全知晓，特别是医疗健康领域，由于入户宣传不到位，导致一些本能够享受的政策，贫困户享受不了，相关政策没有真正有效落实。医疗健康领域专业知识复杂、政策保障体系多，与农民日常生活息息相关，如果政策落实不到位，是容易发生返贫的领域。目前，大部分地方建档立卡户有四重医疗保障（基本医疗、大病保险、民政救助、商业补充保险），有的地方甚至有六重保障。但我们在调研中发现，一些农民对这些政策不是很了解，导致一些该享受的政策没有享受到。我们建议要加强此方面的宣传，防止出现因政策宣传不到位而不能享受政策实惠的现象。

脱贫攻坚与乡村振兴的有效衔接

（2019年5月国内外减贫热点专题评论）

党的十九大报告将精准脱贫与防范化解重大风险、污染防治一起作为决胜全面建成小康社会的三大攻坚战，同时将实施乡村振兴战略确定为实现“两个一百年”奋斗目标的一项重大战略举措。2019年的中央一号文件明确指出，要做好实施乡村振兴战略与打好精准脱贫攻坚战的有机衔接。实施乡村振兴战略要和精准脱贫攻坚相互配合、相互支撑、统筹推进，只有打赢脱贫攻坚战，才能为乡村振兴奠定良好制度和物质基础，真正实现乡村振兴，实现“两个一百年”奋斗目标。我们要以习近平新时代中国特色社会主义思想为指导，积极稳妥地做好脱贫攻坚战与乡村振兴战略的有机衔接。

第一，观念的有效衔接。精准脱贫是我国当前重大政治任务，与城乡融合发展、产业兴旺、生态宜居、乡风文明、治理有效、生活富裕共同推进农业农村现代化，构筑中国特色社会主义乡村振兴道路。当前和未来一段时间内必须要有脱贫攻坚与乡村振兴衔接观念，而且要有正确的衔接观念。一要认识到脱贫攻坚与乡村振兴存在重合期、衔接期。我们必须清醒地认识到，未来三年将是我国脱贫攻坚、乡村振兴并存和相互交汇的特殊时期，必将形成脱贫攻坚和乡村振兴相互支持、相互配合、有机衔接的良性互动格局。各级党委和政府要树立脱贫攻坚与乡村振兴衔接的发展观念，完成了脱贫摘帽切不可马上撤摊子、甩包袱、歇歇脚，要进一步深化基层干部思想认识、激发群众的内生动力，以高度热情和激情参与到脱贫攻坚与乡村振兴衔接工作当中，为有效衔接提供精神动力。二要树立正确的脱贫攻坚与乡村振兴衔接观念。脱贫攻坚是乡村振兴的基础，确保打赢和打好脱贫攻坚战是乡村振兴战略顺利实施的重要前提。在过去一段时间我们通过脱贫攻坚为乡村振兴打基础、补短板、强弱项，在未来一段时间乡村振兴的相关政策要优先考虑贫困地区，真正做到乡村振兴巩固脱贫攻坚成果。脱贫攻坚到乡村振兴的转变也不是一蹴而就的，二者之间没有绝对的时间点和分界线，不是说2020年后就不搞精准扶贫和精准脱贫了，也不是说贫困地区就只搞脱贫攻坚，而没有精力搞乡村振兴。二者之间的衔接需要循序渐进、梯度推进，不同地区要根据本地的经济社会发展水平和脱贫攻坚进度制定乡村振兴的思路、目标与步骤，合理有序实现二者衔接。三要将攻坚拔寨的责任意识和战略思维与乡村振兴有效衔接。党的十八大以来，从明确一把手负责制、“省市县乡村五级书记一把抓”，到建立多渠道全方位的监督体系和最严格的考核评估体系，再到开展“脱贫攻坚作风建设年”，脱贫攻坚作为一项政治任务在各级党委和政府筑牢了责任意识和战略思维。乡村振兴阶段也想将这种意识和思维进行延续，切实扛起乡村振兴的政治责任，不放松、不停顿、不懈怠，层层抓好落实，保障乡村振兴各项工作有序开展。

第二，政策的有效衔接。我国正处在脱贫攻坚和乡村振兴战略实施的交汇期，打赢脱贫攻坚战是乡村振兴的前提和基础，实施乡村振兴战略是脱贫攻坚的巩固和提升，脱贫攻坚期实施的政策必须要有延续性和缓冲期，平稳过渡到乡村振兴当中去。一要为脱贫攻坚政策留足缓冲期和过渡期。攻坚期内制定和落实了众多的惠及贫困家庭的政策，围绕“六个精准”“五个一批”“两不愁三保障”所采取的各种减免、补助、救助等政策措施，在给贫困家庭输血的同时也增添了造血功能，在脱贫攻坚期内发挥了重要作用。在脱贫攻坚期发挥重要作用的政策是在特定的历史时期、特定的历史环境中被证明是有效的，既然这些政策对贫困地区发展是积极有效的，在未来一段时间内仍需要给贫困地区“定心丸”，尤其是到2020年之前要严格落实摘帽不摘责任、摘帽不摘政策、摘帽不摘帮扶、摘帽不摘监管的要求。二要保障扶贫资金在过渡期内同打赢脱贫攻坚战的要求相匹配。贫困地区打赢脱贫攻坚战的关键就看有没有财力支撑，虽然近几年贫困地区的经济发展水平有了一定的改观，但是如若仅靠贫困地区自身的财力实现发展远远不够。这就要求在脱贫攻坚与乡村振兴的过渡期内继续给予贫困地区扶贫专项资金的支持，各级财政要继续保留对扶贫开发的支持力度，中央财政一般性转移支付、各类涉及民生的专项转移支付仍要向贫困地区倾斜，增加扶贫开发的财政资金投入和项目布局，增加贫困地区金融支持和服务，以财力保障贫困地区脱贫攻坚与乡村振兴的有效衔接。三要对行之有效的政策进一步落实和强化。相关部委对脱贫攻坚期实行的各项政策要进行政策评估，客观合理地对政策流程、条件、主体、标准、效果等给予说明和评估，对于适宜的政策要继续坚持，对于不适宜的政策要及时调整。2020 年之后面对新的乡村问题、新的贫困问题、新的发展问题，产业、住房、医疗、教育等相关领域的政策仍是重点。比如教育扶贫中控辍保学仍是工作重点并将成为工作常态，同时应该进一步加大对农村学前教育和职业教育的政策支持力度，为乡村振兴提供智力储备和支撑；在住房安全方面，需要搬迁的要应搬尽搬，同步搬迁的逐步实施，对于目前不具备搬迁安置条件的贫困人口，先解决“两不愁三保障”问题，今后结合乡村振兴战略的实施逐步推进。四是要区别不同群体、不同地区的衔接政策。从群体上看，保证绝对贫困人口脱贫是底线目标，建档立卡贫困户、贫困村、贫困县将是到 2020 前的主要目标群体。同时也要兼顾农村低收入家庭、农村发展滞后地区，还有一些因为特殊原因返贫、陷贫的对象群体，要给予他们政策倾斜。从地区上来看，深度贫困地区在未来一段时间内脱贫攻坚仍然是其重点工作，帮扶措施、帮扶力度不能减弱，确保不发生区域性返贫，在此基础上持续推动乡村全面发展。一般的贫困地区摘帽以后可以逐步考虑将现有的脱贫政策纳入乡村振兴战略中统筹布局、统筹规划，以乡村振兴巩固脱贫攻坚。

第三，产业的有效衔接。脱贫致富离不开产业支撑，乡村振兴更应是生产发展、生活富裕的美丽乡村。产业的有效衔接成为脱贫攻坚与乡村振兴衔接的关键环节。乡村这块土地上只有留得住人、留得住业才能真正振兴，换句话说只有实现人、地、业的协调发展才能实现真正的乡村振兴。一要从制度上保障产业发展的连续性。产业是兴村富民之本，构建现代农业产业体系是我国乡村振兴的根本出路。贫困地区在“发展生产脱贫一批”的带动下，通过产业扶贫实现了贫困户的脱贫增收，未来要在此基础上继续完善产业支撑体系，确保一张蓝图绘到底。对于适宜贫困地区发展的产业，不能因为倡导该产业的领导和产业带头人变更而人走戏散、改弦更张，不能换一任领导就换一个产业。二要着眼长远提升产业的可持续性。在确保“两不愁三保障”基础上，大力推进乡村产业发展，壮大村集体经济，提升村集体自我造血能力。根据资源禀赋、发展环境的差异，因乡制宜、因村制宜地构建具有乡土特色和资源优势的产业体系，既拓宽农民于本地就业创业的途径，也厚植形成品牌优势、培育新型经营主体的土壤，促进乡村的人力资本积累、人才培养，带动智慧、资金、技术等要素向乡村聚集。要注重特色发展、绿色发展、长远发展，着力打造资源节约型、环境友好型产业，保障产业发展可持续。

第四，服务的有效衔接。无论是脱贫攻坚还是乡村振兴，最终的目的都是服务于广大人民群众。这就要求二者的衔接上要一以贯之地落实和执行“以人民为主体”的宗旨，强化为人民服务的信念，这就需要做好服务方面的有效衔接。一要解决“谁来服务”的问题，也就是要有一支“能搞好服务”的队伍。脱贫攻坚期内培养和锻炼了一批优秀的驻村干部，这些干部工作在基层、服务在基层，在第一时间、第一现场为老百姓解决了无数的难题，将“为人民服务”落到了实处，为我国每年数千万贫困人口脱贫提供了重要保障。实施乡村振兴战略同样需要这样一支“能搞好服务”的队伍，要抓实抓细基层党建和乡村组织建设，改善部分地区村干部低学历、老龄化现状，探索“三农”特岗生定向培育选拔机制，创新乡村人才周期培训制度，为脱贫攻坚与乡村振兴有效衔接提供人才和智力支持。二要解决“服务什么”的问题，也就是要做好基础设施、住房、教育、医疗等直接关系老百姓生活的服务。脱贫攻坚期内贫困地区的水、电、路、网以及“三保障”等问题得到了很大改善，在乡村振兴阶段要进一步改善广大乡村的人居环境、交通、水电暖等基础设施条件，要支持乡村互联网建设，让农业大数据走进乡村第一线，要加大优质教育资源、医疗资源等公共服务向乡村转移，让美丽宜居的乡村留得住本土人才、引得来优秀人才，培育乡村发展的本土动力和内生动力，平衡城市“虹吸效应”对乡村振兴的影响，让乡村成为人们理想的生活田园。

分阶段有序化抓重点，稳步推进脱贫攻坚与乡村振兴的有效衔接

（2019年6月国内外减贫热点专题评论）

通过近几年对贫困地区的实际调研评估和我国改革试验区的评估，笔者认为：当前和未来一段时间内是我国脱贫攻坚和乡村振兴战略实施交汇的特殊时期，要加快形成脱贫攻坚和乡村振兴战略相互支撑、相互配合、有机衔接的良性互动格局。在厘清两大战略的“同”与“不同”的基础上，制定衔接的总体原则，探索有效的衔接手段，分阶段有序推进。

一、把握“同”与“不同”，科学确立有效衔接的基本原则

（一）脱贫攻坚与乡村振兴存在耦合和交叉

脱贫攻坚和乡村振兴是围绕“三农”问题而提出的重大战略决策，两者之间在内容和范围上有着高度耦合的关系。实施乡村振兴战略包括质量兴农战略、农村一二三产业融合发展体系、小农户和现代农业发展有机衔接、乡村绿色发展、繁荣兴盛农村文化、构建乡村治理新体系和提高农村民生保障水平等，与产业扶贫、小农扶贫、生态扶贫、文化扶贫、党建扶贫和社会保障兜底扶贫等脱贫攻坚方式具有内在一致性。

（二）脱贫攻坚与乡村振兴存在着差异和不同

两大战略的不同点在于，脱贫攻坚具有紧迫性、突击性、局部性和特殊性等特点，乡村振兴则具有渐进性、持久性、整体性、综合性等特点。脱贫攻坚目标是确保到2020年我国现行标准下贫困地区人口实现脱贫，贫困县全部摘帽，解决区域性整体贫困，而乡村振兴战略则着眼于从根本上

解决农民、农村、农业“三农”问题，促进城乡社会平衡发展和乡村充分发展，实现产业兴旺、生态宜居、乡风文明、治理有效、生活富裕。

（三）脱贫攻坚与乡村振兴衔接应遵循的基本原则

脱贫攻坚是乡村振兴的前提和基础，乡村振兴是脱贫攻坚的深化和延伸。在把握好两大战略关系的基础上，要坚持以下三个原则，确保实现有效衔接：一是要始终坚持精准扶贫思想。脱贫攻坚的成效证明了精准扶贫思想的科学性，在衔接过程中，要将“精准”原则贯穿脱贫攻坚和乡村振兴的始终。二是坚持分阶段有序化推进。2020 年之前，以脱贫攻坚夯实乡村振兴之基，将产业兴旺、生态宜居、乡风文明、治理有效、生活富裕的乡村振兴战略总要求融入具体的脱贫攻坚行动中。2020 年以后，以乡村振兴引领扶贫工作，为巩固提升脱贫成果提供新要求、新动力和新保障。三是坚持分地区逐步推进。针对地区、乡村发展基础和阶段的差异性，因地制宜、分类推进，逐步实现衔接。

二、2020 年前：打好脱贫攻坚战，奠定乡村振兴基础

现阶段，我国的脱贫攻坚正处于冲刺期，在 2020 年打赢脱贫攻坚战役之前，仍然要坚持以扶贫工作为重心。与此同时，这一时期要为乡村振兴做好观念上的衔接、规划上的衔接和政策上的衔接。

（一）做好观念衔接，为乡村振兴奠定思想基础

脱贫攻坚向乡村振兴过渡是从被动式的政府扶持转为主动自愿式的自发运动。在这个过程中，一是注重理论指导的连续性。深刻领会并贯通把握习近平总书记关于扶贫工作重要论述和乡村振兴战略思想精神实质，继承“精准”理念，总结脱贫攻坚优秀经验，指导未来的扶贫和乡村振兴工作。二是实现“被动扶”到“主动兴”的转变。进一步提升贫困人口“自主脱贫”的能力，让人民群众从内心深处转变观念，主动依靠自己的勤奋努力早日过上富裕生活。

（二）做好规划衔接，为乡村振兴提供指导路径

如何更好地衔接乡村振兴战略，最主要的就是制订符合地方实际情况的、明确化清晰化的短期过渡计划，在整个大的乡村振兴战略安排下，制订短期的（2–3 年）当地发展计划，在脱贫工作和乡村振兴之间形成过渡。遵循乡村建设规律，坚持科学规划、注重质量、从容建设。首先，针对不

同发展水平、不同类型的村庄，各地各部门应加强分类指导，梯次推进。其次，发掘和总结好经验好做法，在有条件、基础好、积极性高的地方树立一批率先推进的典型，为其他地区提供可复制、可推广的经验。

（三）做好政策衔接，为乡村振兴提供有力支持

一是按照乡村振兴的目标要求，抓紧梳理现有相关扶贫政策，该完善的完善、该强化的强化、该接续的接续，注重总结梳理脱贫攻坚中成熟的理论成果、实践经验，用于完善乡村振兴政策体系、制度框架，加快完善推进乡村振兴的政策体系。二是在脱贫政策的执行中，要努力化解政策的“悬崖效应”，防止出现政策“鸿沟”、产生新的不公平现象。例如，农村地区在推进低保建设的同时，要逐步建立和实施包括教育救助、医疗救助、灾害救助、就业救助、临时救助等在内的专项救助制度。

三、2020 年后：启动和推动乡村振兴，巩固提升脱贫成效的可持续性

2020 年后，我国脱贫攻坚战役将实现全面胜利，要以乡村振兴战略激发贫困地区的内生动力和外在活力，助力破解相对贫困问题，实现共同富裕。

（一）继续坚持以减贫为重点，以振兴促推新减贫

2020 年脱贫攻坚将实现全面胜利，现行标准下农村贫困人口将实现脱贫，贫困县全部摘帽。但这并不意味着扶贫工作的结束，从多维贫困的视角下破解相对贫困将成为 2020 年后农村工作的重点，并与乡村振兴相互交融。这一阶段，必须要以乡村振兴为契机，在促进农村崛起的同时重点解决相对贫困问题。一是制定 2020 年后的过渡期政策，确保脱贫人口不返贫。由于各个地区的经济发展、贫困程度等方面存在差异，各地扶贫进度不同、脱贫质量不一。因此，脱贫摘帽后，应允许贫困地区相关扶贫政策在完善提升的前提下，保持一段时期稳定，确保贫困群众脱贫不返贫，防止发生新贫困。二是做好 2020 年后扶贫对象与乡村振兴对象的衔接，继续坚持“精准”定位。随着绝对贫困人口的消失，未来我们减贫的对象将转向相对贫困人口，而乡村振兴面对的是整个农村地区，必须科学识别相对贫困人口和乡村振兴的微观对象，明确范围，划分重点，进而制定精准策略。

（二）做好机制衔接，为减贫和振兴提供坚强保障

机制的衔接相对复杂，一旦衔接不好就会影响脱贫攻坚的推进。因此，在脱贫攻坚完成之前，要保持工作机制不变。2020 年后，要从以下五个方面全力做好机制衔接：一是借鉴脱贫攻坚成功经验，实行“中央统筹、省负总责、市县乡抓落实”工作机制，强化“五级书记”抓乡村振兴的制度保障，尽早研究出责任落实、工作推进、督查考核等方面的实施细则。二是根据脱贫摘帽的进度安排，适时调整并优化各级乡村振兴协调机制，指导贫困区县逐步将工作重心全面转移到乡村振兴上来。三是落实项目统筹机制，将脱贫攻坚所需要升级的各类项目，纳入乡村振兴规划和实施方案中，同时根据乡村振兴的项目资金标准和要求充实到脱贫攻坚项目中。四是落实考核评价机制，在乡村振兴初期，应在退出基础上建立合理的阶段性考核指标体系，对刚脱贫的地区形成督促作用。

（三）做好投入衔接，为减贫和振兴提供资金支撑

2020 年后，应继续发挥政府投入的主导主体作用、金融资金的引导协同作用、社会资金的参与补充作用，加大财政涉农资金统筹整合力度，确保与提高脱贫质量、巩固脱贫成果、实现乡村振兴的目标相匹配。一是“整合”，发挥规划的统筹引领作用，把脱贫和公共事业发展所需的资金整合起来，形成合力。二是“撬动”，通过以奖代补、贴息、担保等方式，发挥财政资金的杠杆作用，引导金融和社会资本更多地投向扶贫事业。

（四）全面推进，综合提升，在实践中实现脱贫攻坚与乡村振兴的有效衔接

脱贫攻坚与乡村振兴的有效衔接，要以脱贫攻坚在产业、生态、组织、文化和人才等方面取得的成效为基础，推动要素、投入、公共服务向农业农村倾斜，全面实现乡村振兴。

1. 促进产业减贫及升级，实现产业兴旺

产业发展是实现脱贫攻坚和乡村振兴的重要标志，产业升级是实现二者有机衔接的必然要求。一是要将乡村振兴战略的思想和原则融入具体的产业发展中，牢牢把握产业选择、培训农民、技术服务、资金筹措、组织形式、产销对接、利益联结等方面，打一场振兴农村经济的深刻的产业革命。二是制定县级、乡级以及村级的产业振兴规划，在乡村振兴总体规划指引下，发挥各地特色，因地制宜，制定阶段性的产业规划。三是鼓励多

元产业发展，在原有扶贫产业基础上，助推新型经营主体发展，通过延伸农业产业链，推动产业融合，提高产品增加值，让贫困户享受到增值收益，促进小农户和现代农业发展的有机衔接。

2. 坚持绿色减贫及发展，实现生态宜居

实现脱贫攻坚与乡村振兴的有效衔接，一个关键在于继续坚持绿色减贫的理念，以绿色发展引领乡村振兴。一是在内容上，要从生态保护、农业新业态、农业标准化生产方面促进贫困地区绿色发展，加快乡村振兴进程。二是在实施方法上，为了较好地落实到位，要采取法律化的方法来使政策切实落地，通过立法来保护农村的整体环境。

3. 促进组织衔接及强化，实现治理有效

一是做好“五级书记抓扶贫”与乡村振兴的有效衔接。脱贫攻坚巨大成效的取得，主要经验就是五级书记一起抓，应将这一举措总结提炼、推广运用到乡村振兴当中。二是组织队伍的衔接。脱贫攻坚在这些年的摸索和发展过程中逐渐建立起相对较完善的组织力量，在乡村振兴实施中，可以较好地衔接脱贫攻坚的组织机制，利用对口交流合作振兴、驻村干部振兴、第一书记振兴等方式，形成乡村振兴战略的干部小组，提升乡村治理的领导能力。三是打造一个自治、法治、德治相结合的乡村治理体系。在继承发扬传统乡土社会治理精华的同时，应重点抓好法制建设，靠法治推进发展，靠法治调处矛盾，靠法治打击黑恶势力，靠法治扶正祛邪。

4. 推动文化减贫及振兴，实现乡风文明

大力推进文化振兴，壮大乡村振兴战略的动力源泉。一要把培育和践行社会主义核心价值观的根本要求贯穿始终，通过教育引导、舆论宣传、文化熏陶、道德教化、实践养成、制度保障，形成良好的家风家规，同时外化为自觉行动。二是借鉴国内外乡村文明的优秀成果，形成文化。通过不断学习国内外乡村文明的成果，取其精华，去其糟粕，结合自身实际找到最适合自己乡村振兴的好方法，形成乡村文化。三是重修乡规民约，以社会主义核心价值观为引领，与时俱进，构建适应时代需要的乡规民约。四是要加快实现乡村文化的产业化振兴，运用市场化、产业化手段，做好“文化＋旅游”“文化＋市场”“文化＋产品”等产业文章，保持其生命力与创新力。

5. 强化能力提升，继续弥补人才短板，实现人才振兴

由于中国长期受城乡二元结构的影响，城乡发展的不均衡导致人才大

量流入城市，农村发展的人才基础面临瓶颈，因此，政府应发挥主观能动性，将“内育”与“外引”相结合，补足农村的人才短板。一是以“内育”培养乡土人才。通过加强乡村教育和培训，在乡村本土培养新时代的乡土人才，使其成为乡村振兴的“领头雁”。二是以“外引”促进乡土人才的最优化配置。通过外部人才的引进为贫困乡村注入新鲜的血液。加强专业人才队伍建设，引进懂科技、懂管理、懂市场、懂法律的现代人才，为乡村振兴注入新的活力和动力，为乡村振兴战略提供坚实的人才支撑和智力保障。

2020年脱贫攻坚收官阶段三重点：聚焦深度、提质防返、谋划衔接

（2019年7月国内外减贫热点专题评论）

脱贫攻坚战役已进入到最后的冲刺阶段，能否攻克最后的贫困“堡垒”，不仅关乎中国共产党向全国人民乃至向全世界做出的庄严承诺能否实现，也关乎下一步的乡村振兴战略能否顺利开展。因此，在2020年前的这段时期内，不能有丝毫懈怠，未脱贫县要坚决保质保量地完成脱贫攻坚任务，已脱贫县要巩固提升脱贫的质量，防止返贫，促进减贫的可持续性。此外，要因地制宜，分类分地区有序推进脱贫攻坚与乡村振兴的有机衔接。

一、未脱贫县：坚守底线，确保解决“两不愁三保障”绝对贫困问题

“两不愁三保障”是贫困人口脱贫的基本要求和核心指标，直接关系脱贫攻坚战质量。2020年前，贫困地区的主要任务就是脱贫攻坚，应心无旁骛地抓脱贫攻坚，解决贫困人口的“两不愁三保障”问题，即使是搞乡村振兴，也应当以脱贫攻坚统揽乡村振兴、统揽经济社会发展全局。

1. 靶心不变，坚决完成脱贫攻坚的目标任务

脱贫攻坚，目标不能变，靶心不能散。无论是贫困地区还是非贫困地区，剩下一年半时间的脱贫攻坚，要紧盯“两个确保”目标和“两不愁三保障”标准，落实“五个一批”“六个精准”要求，坚持减少贫困存量，实现既定目标。尚未摘帽的贫困县，要把打好脱贫攻坚战作为实施乡村振兴

战略的优先任务，保持工作重心不偏移。已经摘帽的县，要继续完成剩余贫困人口的脱贫任务，通过持续努力降低贫困发生率，消除贫困人口，实现“不留锅底”。

2. 补齐短板，做好脱贫攻坚的自省自查

脱贫攻坚力度之大、规模之广、影响之深前所未有，脱贫地区的贫困群众“两不愁，三保障”总体实现。但是，精准扶贫是在短时间内在高度政治和经济动员基础上实现的，有些措施可能临时看是有效的，长远看可能会出现一些问题，存在一些薄弱环节。因此，在减贫的同时也应当全面开展“两不愁三保障”问题的全覆盖排查，对已脱贫人口以及相关政策效果全面进行“回头看”，精准掌握存在的问题及其根源，并对问题实行台账化管理，靶向治疗。

3. 聚焦深度贫困地区，啃下脱贫攻坚的“硬骨头”

今后两年脱贫攻坚任务仍然艰巨繁重，深度贫困地区是最难啃的硬骨头。这些地区致贫原因复杂、贫困程度深，脱贫难度大，是最不托底的地方。因此，未来要重点聚焦深度贫困地区和特殊贫困群体，继续坚持精准施策，促进扶贫资源向深度贫困地区倾斜，从财税、金融、土地、人才等方面加大对深度贫困地区脱贫攻坚的支持，构建政府、市场、社会协同推进的扶贫格局，进一步推动东西部扶贫协作，激励社会各界更加关注、支持和参与深度贫困地区的脱贫攻坚。

二、已脱贫县：防范返贫，促进脱贫攻坚成效的可持续性

决战决胜脱贫攻坚，要处理好脱贫数量与脱贫质量之间的关系，不仅要保证现有贫困人口脱贫，而且要提高脱贫质量，促进减贫的可持续性。从户、村和区域层面，提升脱贫能力，确保脱贫人口不返贫。

1. 户层面：巩固脱贫成果，防止返贫

脱贫攻坚不应只关注当年贫困户是否达到脱贫标准要求，而要在永久脱贫上下功夫，建立起稳定脱贫长效机制，最大限度减少贫困家庭返贫。第一，通过就业手段，解决脱贫质量不高的问题。受区域条件制约，一些民族地区、西部山区存在较大面积的脱贫质量不高问题。对于此类地区和人群，应当从解决长期稳定就业着手，通过行之有效的职业培训、有组织的劳务转移，实现长期、持续、稳定脱贫。第二，注重防范风险，防止因

市场波动等因素导致的返贫。近几年，贫困地区少数贫困村盲目跟风，缺少差异性思维，造成产业同质化严重，出现了产量大于市场需求的现象。目前需要对高度同质化扶贫产业的市场风险引起足够的重视，加强政府引导，促进产业扶贫向差异化和多样化方向发展。

2. 村级层面：强基固本，拓展收入来源

为防止返贫，村一级需要继续加强基础设施建设，拓展集体经济收入来源，提升村级单元的发展能力。第一，补齐基础设施建设短板。目前，部分村庄的基础设施仍然存在较大问题，未来应继续加强贫困地区农村路、电、水、通信等基础设施建设，并结合乡村振兴战略，加强农村环境和村容治理。第二，拓展村集体收入来源。村庄普遍存在来源单一、难以持续等问题，亟待拓展收入来源。应当充分挖掘特色资源，积极发展村级产业，在提高村集体收入的同时，带动贫困群众脱贫致富。第三，提升村级单元的发展能力。贫困人口脱贫致富和生活质量的提高很大程度上依赖村级治理水平和发展能力。因此，一方面要强化党建与扶贫的深度融合，充分发挥党组织在引领农村组织建设、产业发展等领域的核心作用；另一方面要促进农村人力资源开发，将农村巨大的人力资源充分转变为高质量的人力资本。

3. 区域层面：促进区域经济发展，带动可持续脱贫

从区域层面来看，防止返贫需要加强对区域经济发展的支持，尤其是对贫困地区中小微企业的支持，以区域的经济发展，带动贫困户持续增收。精准扶贫以来，大量的资源、人力、精力都瞄准在村、户、人的层面，相比到村到户的支持，对于区域经济发展的支持较少。贫困地区中小微企业能够获得的支持大多是税费减免、用地政策优惠，这些政策对企业发展帮助有限。长期以来存在的融资难、发展难问题还是很难解决。扶贫小额信贷“户贷企用”叫停之后，贫困地区中小微企业基本很难再获得实质性的支持。因此，有必要加强对贫困地区这类企业的支持，通过发展区域经济，带动贫困户可持续增收。通过发展特色种植养殖、旅游休闲等区域层面的产业，引导贫困户参与，实现可持续脱贫。

三、提前谋划，积极探索脱贫攻坚与乡村振兴的有效衔接

未来一段时间是脱贫攻坚和乡村振兴战略交汇的特殊时期，在做好脱

贫攻坚的同时，2020 年之前还要为乡村振兴做好思想观念、规划目标、政策举措的有效衔接，加快形成脱贫攻坚和乡村振兴战略相互支撑、相互配合、有机衔接的良性互动格局。

1. 坚持“精准”，牢牢把握衔接的原则和前提

脱贫攻坚的成效证明了精准扶贫思想的科学性，在衔接过程中，要将“精准”原则贯穿脱贫攻坚和乡村振兴的始终，以习近平总书记关于扶贫工作和实施乡村振兴战略重要论述为指导，科学把握脱贫攻坚与乡村振兴作为解决不同阶段“三农”问题重大战略的统一关系，继承“精准”理念，坚持精准衔接、分类施策，把脱贫攻坚的工作经验和帮扶资源转到乡村振兴中，进一步巩固脱贫攻坚成果，推动乡村全面振兴。

2. 观念衔接，奠定乡村振兴的思想基础

脱贫攻坚向乡村振兴过渡是从被动式的政府扶持转为主动自愿式的自发运动。在这个过程中，一是理清脱贫攻坚和乡村振兴的异同。明确脱贫攻坚和乡村振兴两大战略的历史特点和时段特征，从战略和思想高度统筹两者的推进，注重将乡村振兴的理念融入脱贫攻坚中，促进脱贫攻坚从精准到共享、从管理到治理的转变，着力推进脱贫攻坚的巩固提升和提质增效，实现乡村振兴与脱贫攻坚“同频共振”。二是实现“被动扶”到“主动兴”的转变。进一步提升贫困人口“自主脱贫”的能力，让人民群众从内心深处转变观念，主动依靠自己的勤奋努力早日过上富裕生活。

3. 规划衔接，制定乡村振兴的科学路径

如何更好地衔接乡村振兴战略，最主要的就是明确化、清晰化地制订符合地方实际情况的短期过渡计划，在整个大的乡村振兴战略安排下，制订短期的（2–3 年）当地发展计划，为脱贫工作和乡村振兴之间形成过渡。一是因地制宜，分地区推进。二是试点先行，逐步推广。

4. 政策衔接，构建乡村振兴的具体抓手

政策衔接要完善和优化政策体系，促进相关政策向常规性、普惠性和长效性的转变。一是按照乡村振兴的目标要求，对现有的扶贫政策进行评估梳理。适应从脱贫攻坚向乡村振兴的形势转变，分类确定需要取消的、接续的、完善的或强化的，注重总结梳理脱贫攻坚中成熟的理论成果、实践经验，用于完善乡村振兴政策体系、制度框架。二是促进特惠性政策向常规性、普惠性政策的转变。把临时性帮扶政策转成常态化支持政策，强

化脱贫攻坚政策与农村社会保障政策的衔接，逐步将针对绝对贫困的脱贫攻坚举措，调整为针对相对贫困的常规性社会保障措施。同时，均衡发展农村基础设施和教育、医疗等公共服务，避免“政策悬崖”问题的出现。三是促进短期性政策向长效性、持续性政策的转变。着力促进脱贫攻坚政策与农村产权制度改革、现代农业发展有效衔接，实现农户与企业、合作社、产业大户等之间有效对接，通过多渠道、多方式，促进农民稳步持续增收。

70 年艰难探索创奇迹：开辟了中国特色的减贫道路

（2019 年 8 月国内外减贫热点专题评论）

新中国成立 70 年来，一代又一代中国人民与贫困作斗争，取得了扶贫减贫史上的一次又一次的胜利，中国成为世界上减贫人口最多的国家，也是世界上率先完成联合国千年发展目标的国家。从新中国成立初期确定的“共同富裕”理念，到改革开放“贫穷不是社会主义，社会主义要消灭贫穷”，再到十八大提出“全体人民共同迈入小康社会”的奋斗目标，中国在经济社会全面发展的同时，始终兼顾贫困地区和贫困人口的发展，无论贫困面多么广、贫困程度多么深、贫困人口多么多，中国政府在政策、资金、项目、人才等方面给予贫困对象持续而有力的支持和帮扶，在真扶贫、扶真贫的道路上走得坚定且长远。

中国政府有着“摆脱贫困”的坚定决心，新中国成立 70 年就是中国政府充分发挥社会主义制度优势的 70 年。社会主义的根本任务是解放和发展生产力，最终目标是实现共同富裕。从毛泽东到习近平，中国共产党在不同的历史时期针对中国不同的国情，提出和总结了不同历史时期中国扶贫开发的重大意义、战略地位、战略途径、实施模式等具体问题。社会主义基本制度的确立，以及农村基础设施的建设、农业技术的推广、农村合作医疗体系的建立等为减缓贫困奠定了基础。改革开放以后，农村率先进行了经济制度改革，实行了家庭联产承包经营责任制，生产力得到极大解放，农民收入大幅提高，农民温饱问题逐步得以解决。党的十八大以来，我国实施精准扶贫精准脱贫，全面打响了脱贫攻坚战，扶贫工作取得了决定性进展。我们正视历史和现实，面对新中国成立初期积贫积弱的条件，中国政府坚定地选择了社会主义道路，带领中国人民从站起来到富起来再到强起来，不断取得中国特色社会主义新的胜利，为扶贫开发奠定了扎实的经济社会基础。在国家和绝大多数人富起来后，又依靠社会主义制度优势，有效动员全社会资源和力量扶贫开发，部署实施先富带后富实现共同富裕战略。按现行农村贫困标准，2013–2018 年我国农村减贫人数分别为 1650 万、1232 万、1442 万、1240 万、1289 万、1386 万，每年减贫人数均保持在 1000 万以上。六年来，农村已累计减贫 8239 万人，年均减贫 1373 万人，六年累计减贫幅度达到 83.2%，农村贫困发生率也从 2012 年年末的 10.2% 下降到 2018 年年末的 1.7%，其中，10 个省份的农村贫困发生率已降至 1.0% 以下，中华民族千百年来的绝对贫困问题有望得到历史性解决。

中国人民从不畏惧贫困，新中国成立 70 年就是中华儿女与贫困作斗争的 70 年。新中国成立初期，国家一贫如洗，农村居民生活困苦，收入消费水平低下。但是中国人民没有因为贫困而失去对美好生活的向往与追求，中国人民秉承着中华民族优秀的传统美德，艰苦奋斗、团结一心，与贫困展开了一场旷日持久的战争。经过全体中国人民的不懈努力与奋力拼搏，农村贫困人口的生活水平得到了显著提升。尤其是改革开放后，农村居民收入消费进入快速增长期，2012 年全国农村居民人均收入和消费水平分别比 1978 年实际增长了 11.5 倍和 9.3 倍。党的十八大以来，农村居民收入消费继续保持较快增长，尤其是贫困地区农村居民收入消费实现快速增长，与全国农村平均水平差距缩小，贫困人口发展能力持续提升。新中国是在战争的废墟和极度贫苦的环境中建立的，70 年来，党和政府始终致力于农村基础设施建设和农村公共服务的改善。党的十八大以来，各级政府继续加大对农村尤其是贫困地区建设和投入力度，贫困地区农村居民生活条件和生活环境明显改善，享有的公共服务水平不断提高，生活质量得到全面提高。

中国扶贫始终与世界同行，新中国成立 70 年就是中国为全球减贫事业做出贡献的 70 年。解决中国的贫困问题一方面要考虑中国特殊的国情，另一方面也要与国际对话交流，借鉴与分享扶贫经验。新中国成立初期，国家一穷二白，人民生活处于极端贫困状态。新中国成立 70 年以来，我国通过加快建设，深化改革和大规模扶贫开发，贫困人口大幅减少，成为全球最早实现联合国千年发展目标中减贫目标的发展中国家，加速了世界减贫进程，为全球减贫事业做出了巨大贡献。按照世界银行每人每天 1.9 美元的国际贫困标准及世界银行发布数据，我国贫困人口从 1981 年年末的 8.78 亿人减少到 2013 年年末的 2511 万人，累计减少 8.53 亿人，减贫人口占全球减贫总规模超七成。世界银行 2018 年发布的《中国系统性国别诊断》报告称“中国在快速经济增长和减少贫困方面取得了‘史无前例的成就’”。联合国秘书长古特雷斯在“2017 减贫与发展高层论坛”时发贺信盛赞中国减贫方略，称“精准减贫方略是帮助最贫困人口、实现 2030 年可持续发展议程宏伟目标的唯一途径。中国已实现数亿人脱贫，中国的经验可以为其他发展中国家提供有益借鉴”。中国在实现自身减贫的同时也为共建没有贫困、共同发展的人类命运共同体贡献中国智慧和中国方案。

新中国成立 70 年来，党中央、国务院高度重视减贫扶贫，出台实施了一系列中长期扶贫规划，从救济式扶贫到开发式扶贫再到精准扶贫，探索出一条符合中国国情的农村扶贫开发道路，为全面建成小康社会奠定了坚实基础。新中国成立 70 年来，中国共产党领导人民自力更生、艰苦奋斗，为解决贫困问题付出了艰辛努力。特别是党的十八大以来，我国全面打响脱贫攻坚战，脱贫攻坚力度之大、规模之广、影响之深前所未有，取得了决定性进展，谱写了人类反贫困历史新篇章。让我们更加紧密团结在以习近平同志为核心的党中央周围，以习近平总书记关于扶贫工作重要论述为根本指引，不断增强责任感、使命感和紧迫感，以更大的决心和信心，尽锐出战、迎难而上，确保坚决打赢脱贫这场对如期全面建成小康社会、实现第一个百年奋斗目标具有决定性意义的攻坚战。

70 年中国特色减贫道路：在发展中应对和战胜贫困

（2019 年 9 月国内外减贫热点专题评论）

一般来说，考察贫困问题往往有两个出发点：贫困规模和贫困状态。前者给出度量一国 / 区域内贫困广度，后者侧重从福利视角考察贫困人口的生活状态。但是，确定贫困标准，即以何种标准度量贫困，又是决定前述两个贫困研究内容的大前提。

在国际上，被普遍使用的贫困标尺是由世界银行提出的。最新的国际贫困线（世界银行，2018）按照 2011 年购买力平价（PPP）计算更新得到，分为极端贫困线，每人每天 1.9 美元；中等偏低收入贫困线，每人每天 3.2 美元；以及中等偏高收入贫困线，每人每天 5.5 美元。上述标准分类的内在逻辑是不同发展阶段的国家适用不同的贫困线，我们应以发展的眼光看待贫困问题。此外，世界银行《贫困与共享繁荣 · 2018》报告引入了相对贫困和多维贫困概念。

在横截面上，世界银行对不同发达程度国家予以不同的贫困界定。就好比在纵向上，中国从落后国家向中等偏上发展中国家转变的这 70 年历程，所对应的是适用于不同发展阶段的扶贫标准。可以说，从一穷二白到精准扶贫攻坚战，中国在发展中所演进的扶贫理念与实践，走在了国际贫困理论前沿，并且成就非凡。

新中国成立之初，普遍性贫困是当时人民的生活画像。为此，中国共产党带领中国人民确立和巩固了社会主义基本制度，建立了工业体系和国民经济体系。上述建设同步改善了农民生产生活条件。1953 年到 1976 年，国内生产总值年均增长 5.9%，粮食产量大幅提高，为有效消除贫困、持续改善民生奠定了必要的物质基础和制度基础。1978 年到 1985 年，国家有意识地对贫困地区给予一定的扶持政策；1986 年，国务院成立贫困地区经济开发领导小组。国家统计局测算农村贫困标准以便提高扶贫工作的效率和瞄准精度，确定 1985 年中国农村人口一年最低生活标准为 204 元；随后，国家统计局在 1990 年、1994 年和 1997 年，采用世界银行推荐的确定贫困线的基本方法，重新测算贫困标准，确定了大约相当于每人每天 0.5 美元的贫困标准；1998 年，为更好地监测刚刚实现基本温饱的贫困人口动向，便于贫困问题的国际比较，国家统计局又一次重新测算低收入标准和低收入人口比重，并从 2000 年起向社会公布，当时确立的标准相当于每人每天 1 美元的国际标准。2011 年，以 2010 年不变价 2300 元的新贫困标准被提出，即相当于每人每天 1.9 美元的国际标准。

由此可知，关于贫困标准的第一个重要特征是，伴随经济社会发展程度的提高，中国农村的官方贫困识别和救助标准也在不断上升。

第二个重要特征是，不管按照何种贫困标准，贫困人口的下降幅度都是非常显著的。按照低收入线标准，2010 年农村贫困人口剩下 4000 万，比 2000 年减少了 5400 万。2012 年年末至 2018 年年末，现行标准下农村贫困人口累计减少 8239 万、贫困发生率累计下降 8.5 个百分点，贫困地区农民收入大幅提升，贫困地区和贫困人口生产生活条件明显改善。对于中国这样一个发展中的大国来说，保持这样一个较低的绝对贫困发生率实属不易。

第三个重要特征是，中国政府不计成本不计代价，履行对人民的郑重承诺。一般来讲，随着贫困人口的不断减少，减贫的困难程度会随之增加。它会表现为单位扶贫资源的投入所带来的贫困人口减少数量的下降。这样一个带有一般规律性的现象，可以称之为“减贫难度的递增性”，或者“扶贫投入效益的时期递减性”。在面临上述情况的前提下，以习近平同志为核心的党中央提出精准扶贫、精准脱贫基本方略，国家不断加大扶贫投入，创新扶贫方式，出台系列重大政策措施，扶贫开发取得巨大成就。从 2013 年到 2019 年，中央财政专项扶贫资金累计投入超过 5000 亿元，以空前的决心和毅力，取得了扶贫攻坚的决定性进展和历史性成就，脱贫攻坚力度之大、规模之广、影响之深前所未有。这一时期，从 2012 年到 2018 年，我国连续 6 年平均每年减贫 1300 多万人。到 2018 年年底，全国 832 个贫困县有一半实现摘帽，超过 10 万个建档立卡贫困村实现脱贫，创造了中国减贫史上的最好成绩。

第四个重要特征中国的扶贫以及惠农政策，不仅降低了贫困发生率，同时也在一定程度上改善贫困人口的收入水平和分配状况，从多维的视角缓解了贫困问题，对改善贫困人口的教育、卫生和社会发展状况产生了多方面的作用。具体来讲，贫困人口实现不愁吃、不愁穿，义务教育、基本医疗和住房安全有保障，上学难、就医难、行路难、饮水不安全、厕所不卫生等问题逐步缓解；贫困地区面貌明显改善，自然村通电接近全覆盖、通电话比重超过 98%、道路硬化接近 80%，居民收入保持较快增长，约 7700 万贫困人口参加医保；农村特色产业基本形成，集体经济达到一定规模，社区管理能力不断增强，基本公共服务均等化水平稳步提高；就业比较充分，收入差距缩小，中等收入人口比重上升，居民幸福感、获得感和安全感提升。可以说，尽管国际上多维贫困是理论先行，但中国早已通过各项政策和扶贫标准的立体化提升方式，践行了多维贫困的反贫困实施路径。

70 载春华秋实，中国政府持续向贫困宣战。脱贫攻坚战解决了中国千百年来没有解决的绝对贫困问题，7 亿多人摆脱贫困，对全球减贫贡献高达 70% 以上，成为世界上减贫人口最多、覆盖面最广且扶贫内涵最为丰富的国家，探索和积累了许多宝贵经验，创造了了不起的发展奇迹。当然，中国政府并未止步于此。绝对贫困的消除不等于贫困的终结。2020 年后，人民日益增长的美好生活需求与不平衡、不充分发展之间的矛盾，依旧是我国经济社会发展的主要矛盾。现阶段发展环境显示，后脱贫时代所面临的经济形势将更加错综复杂，巩固来之不易的扶贫成果、促进全体人民共享改革发展成果、在扶贫工作中逐渐过渡到相对贫困，都是未来扶贫工作需要应对的挑战。我们认为，既有扶贫成果是值得给予充分肯定的。同时，我们也期盼国家在发展中持续拓宽解决贫困的思路和手段。作为扶贫领域的研究者，我们愿意持续贡献学术力量，为缓解贫困问题献计献策。

中国特色扶贫开发：进程、经验与成效

（2019 年 10 月国内外减贫热点专题评论）

贫困是人类社会的顽疾，是全世界面临的共同挑战。2000 年，由 189 个国家签署的《联合国千年宣言》，提出将“全世界生活在绝对贫困线下的人口数减半”作为千年发展目标的第一个具体指标。中国是世界上最大的发展中国家，也曾是世界上贫困人口最多的国家。自新中国成立之日起，中国就将消除贫困、改善民生作为一项重要的政治任务，致力于在经济社会整体发展进程中解决贫困问题。新中国成立七十年来，中国扶贫开发经历了从道义扶贫到开发扶贫、精准扶贫，从非制度化扶贫到制度化扶贫的重要转变，取得了卓越的减贫成效，积累了丰富的减贫经验，走出了一条具有中国特色的扶贫开发道路，也为世界减贫事业做出突出贡献，提供了世界减贫的“中国智慧”和“中国方案”。

一、中国特色扶贫开发道路进程

新中国成立以来，从广义的社会救济扶贫到经济发展带动大规模减贫、建立正式扶贫制度、推行区域瞄准的开发式扶贫，以至全面建设小康社会和脱贫攻坚，中国农村扶贫开发经历了不同时段、不同进程的战略和策略演变，形成了中国特色扶贫开发道路。

（一）救济式扶贫与制度改革缓贫阶段（1949 年—1980 年）

新中国成立初期，中国农村面临较为普遍的生存性贫困问题。这一时期，中国虽未制定具体的扶贫政策，但通过土地制度改革、农业基础设施建设、农村科技服务网络建设、农村合作信用体系建设，以及农村基础教育和基本医疗卫生事业的快速发展，为农村各项经济社会发展事业提供了有力保障。特别是国家初步建立起以社区五保制度和农村特困人口救济为主的农村社会基本保障体系，开展了以社会救助为主的减贫行动。这些构成新中国成立初期以“输血”为特征的广义的救济式扶贫，在提高农村人口收入和福利水平、减缓农村贫困等方面取得了一定的成效。

1978 年召开的党的十一届三中全会，拉开了中国农村经济体制改革的伟大历程，也带动农村扶贫事业步入新的历史阶段。通过全面启动农村改革，实行家庭联产承包责任制、放宽农产品价格、赋予农民农业生产自主权等一系列体制机制改革，有效激发了农村人口的生产积极性，产生了巨大的减贫效果。

（二）区域发展与开发式扶贫阶段（1981 年—2000 年）

20 世纪 80 年代中期，伴随农村经济体制改革的推行，农村区域发展不平衡问题开始凸显，农村地区特别是老少边穷区的经济、社会和文化发展水平开始较大落后于沿海发达地区。这些地区的发展成为“需要特殊对待的政策问题”。[①] 在此背景下，1982 年 12 月，国务院“三西”地区农业建设领导小组成立，启动“三西”农业建设专项扶贫计划，拉开了中国开发式扶贫的序幕。随后到 1986 年，中央政府组织成立了国务院贫困地区经济开发领导小组（1993 年改为国务院扶贫开发领导小组）及其办公室，使扶贫工作走向制度化、专业化，标志着中国开始实施有计划、有组织、大规模的扶贫开发，并由前期的道义扶贫转向制度化扶贫。

1994 年，国家出台“八七扶贫攻坚计划”，开启了以特殊困难区域为重点的攻坚扶贫阶段。政府主导下的扶贫开发工作也将重点放在了贫困区域，扶贫开发的理念和实践突出表现为以区域（贫困县）为瞄准对象的开发式扶贫。也即在国家给予的必要支持下，利用贫困地区本身的自然资源进行开发性生产建设，逐步形成贫困地区和贫困户的自我积累和发展能力，依靠贫困人口自身力量解决温饱问题、实现脱贫致富。[②]

（三）以解决温饱为目的扶贫开发阶段（2001—2011 年）

2000 年，中国顺利实现了“八七扶贫攻坚计划”，基本解决了农村贫

① 童宁：《农村扶贫资源传递过程研究》，人民出版社，2009 年版，第 18 页 .

② 张磊主编：《中国扶贫开发政策演变（1949—2005 年）》，中国财政经济出版社，2007 年版，第 5 页。

困人口的温饱问题。然而，城乡差距、工农差距以及农村内部分化产生的贫富差距问题，成为新世纪中国经济社会发展面临的主要挑战。农村贫困不再是区域经济发展不足的问题，而逐渐发展为群体性贫困问题。因此，中国政府开始提出全面建设小康社会目标，并通过以工促农、以城带乡和社会主义新农村建设等措施，推动农业和农村经济的发展，以逐步缩小工农和城乡之间的差距。

伴随农村贫困人口整体减少以及插花分散分布所带来的扶贫任务变化，2001 年，中国政府颁布实施《中国农村扶贫开发纲要（2001 年—2010 年）》，明确提出“到 2010 年尽快解决剩余贫困人口温饱问题，进一步改善贫困地区的生产生活条件，巩固扶贫成果”。同时，这一阶段中国的农村扶贫开发在继承以往开发式扶贫理念实践基础上，开始将扶贫开发重点从贫困县转向贫困村，更加强调群众参与，提出利用参与式方法自下而上地制定和实施扶贫开发规划。①

（四）决胜全面小康与精准扶贫、精准脱贫阶段（2012 年以来）

党的十八大以来，以习近平同志为核心的党中央高度重视解决贫困问题，着眼于全面建成小康社会，将扶贫开发工作纳入“五位一体”总体布局和“四个全面”战略布局，作为实现第一个百年奋斗目标的重点任务，作出一系列重大部署和安排，全面打响脱贫攻坚战。特别是 2013 年以来，面对新时期扶贫新形势，习近平总书记提出精准扶贫方略，推动中国扶贫开发进入新的历史阶段，精准扶贫精准脱贫也成为当前及未来一段时期中国扶贫开发工作的根本遵循和指导思想。

以精准扶贫、精准脱贫为基本方略，新时代国家贫困治理体系“四梁八柱”的顶层设计逐渐形成。同时，以政府为主体，积极发动社会力量，提供政策、资金、人才等资源开展精准扶贫，持续推进扶贫领域深化改革，带领贫困地区贫困人口向着共同富裕目标迈进。截至 2018 年年末，全国农村贫困人口从 2012 年年末的 9899 万减少至 1660 万，累计减少 8239 万；贫困发生率从 2012 年的 10.2% 下降至 1.7%，累计下降 8.5 个百分点；贫困地区农村居民收入年均实际增长 10%，实际增速比全国农村平均水平高 2.3 个百分点。2018 年贫困地区农村居民人均可支配收入相当于全国农村平均水

① 凌文豪、刘欣：中国特色扶贫开发的理念、实践及其世界意义，社会主义研究，2016 年第 4 期。

平的 71.0%，与全国农村平均水平的差距进一步缩小。

二、中国特色扶贫开发道路的重要经验

新中国成立以来，中国扶贫开发道路虽然曲折艰难，但取得了辉煌成绩，积累了具有中国特色的宝贵经验，包括政府主导下实施持续性的扶贫开发战略，将外部“输血”干预式扶贫与贫困地区贫困人口“造血”内源发展相结合，构建政府、市场、社会共同参与的大扶贫格局，以及强调因地制宜、精准施策的多元化、综合性扶贫工作模式。

（一）政府主导与持续性的扶贫开发战略

作为社会主义国家，中国共产党自成立之日起就将消除贫困、改善民生作为立党初心和使命追求。扶贫开发也成为建设中国特色社会主义的重要任务，以及构建社会主义和谐社会、全面建设小康社会的重要内容。自 1986 年第六届人大四次会议决定把扶持贫困地区摆脱落后状况作为一项重要内容列入“七五”计划以来，扶贫开发一直作为中国国民经济和社会发展五年计划中的一项重要内容。从反贫困路径来看，政府主导扶贫开发，是对扶贫开发内容的配套性拓展，有利于优化和整合扶贫开发资源要素，提升扶贫开发效率。

与此同时，自正式启动农村扶贫开发进程以来，中国政府不断将反贫困纳入国家发展规划，使反贫困制度化，有效保障了扶贫开发工作的持续性和连续性。如 1994 年颁布《国家八七扶贫攻坚计划（1994 年—2000 年）》、2001 年颁布《中国农村扶贫开发纲要（2001 年—2010 年）》、2011 年颁布《中国农村扶贫开发纲要（2011 年—2020 年）》，2012 年以来逐渐建立起以精准扶贫为核心的责任体系、政策体系、投入体系、动员体系、督查和考核评估体系等，确保扶贫开发工作能够稳步推进。可以说，中国特色扶贫开发道路的成功之道就在于将减贫作为重要的发展目标而列入国家发展规划，并不断完善国家扶贫战略和政策体系，创新反贫困机制方法。此外，政府主导下的扶贫开发工作有组织、有计划、有步骤向前推进过程中，也开创了诸如干部驻村帮扶、党建扶贫、对口支援等大量富有中国特色的扶贫开发经验，充分发挥了社会主义国家的政治优势和制度优势。

（二）外部“输血”与内源“造血”相结合

长期以来，中国政府在扶贫领域投入了大量资金，通过财政扶贫资金

以及银行信贷扶贫资金支持贫困地区发展，形成了“输血”式的扶贫工作模式。21世纪以来，国家逐渐意识到以“输血”为主的干预式扶贫的弊端，不断进行干预式扶贫的反思和完善，从向贫困人口提供满足最低生活需要的物质援助发展到把政策扶贫、投资扶持与贫困人口自力更生相结合的新阶段，促进“输血式”扶贫向“造血式”扶贫的转变，将扶贫主体外部干预与贫困地区、贫困人口自力更生相结合，走出了一条政府主导、社会参与、贫困人口自力更生的扶贫道路。

一方面，中国扶贫开发通过国家加强农业基础设施建设投入，引导农民开发当地资源，以及教育扶贫等人力资本建设，逐步完善了贫困地区发展的外部环境；另一方面，中国扶贫开发始终重视贫困地区和贫困农户自我积累、自我发展能力的提升，强调培育和激发贫困人口内生动力的重要性。可以说，外部“输血”与内源“造血”相结合，干预式扶贫与自力更生相结合，是中国扶贫开发的重要经验。

（三）政府、市场、社会共同参与的大扶贫格局

政府主导、社会参与是中国扶贫开发道路的突出特点，也是中国特色社会主义政治优势和制度优越性的重要体现。即广泛动员社会力量参与扶贫开发工作，最大限度聚集各方合力，摆脱扶贫开发过程中资源总量的约束。新中国成立70年来，中国扶贫开发在推动实施专项扶贫、行业扶贫的同时，也积极倡导和组织实施了包括定点扶贫、东西部扶贫协作，以及部队军警、民营企业和社会组织、个人等广泛参与的社会扶贫，不断探索构建政府、市场、社会协同参与的大扶贫格局，为推动中国扶贫开发事业做出了积极贡献，也推动形成了具有中国特色的扶贫开发道路和模式。具体而言，国家主导的扶贫开发在资源、政策及扶贫动员宣传方面投入了巨大的人力、物力、财力资源；市场则通过“看不见的手”进行宏观调控和指挥，引导贫困地区经济发展，通过经济增长惠及贫困人口脱贫受益；社会组织以其灵活、高效的优势参与特殊贫困地区及特殊贫困人口的扶贫开发与社会救助。政府、市场、社会力量相互结合、相辅相成，共同促进贫困地区发展以及贫困人口脱贫致富，成为中国特色扶贫开发道路的重要经验之一。

（四）因地制宜、精准施策，构建多元化扶贫模式

贫困是一种复杂的且与整个经济社会系统密切相关的现象，不仅具有

经济、社会、文化、心理等不同的表现形式，造成贫困的原因，也包括资源匮乏、灾害风险、制度局限、文化心理等不同因素，因此贫困问题的解决亦需要多元化、多层次、多方面的治理方式。在中国农村扶贫开发进程中，不仅形成了政府、市场、社会协同参与的大扶贫格局，也形成了包括专项扶贫、行业扶贫、社会扶贫在内的扶贫战略体系以及经济开发与社会保护并重的扶贫“两轮驱动”举措。中国扶贫开发政策始终坚持开发式扶贫和社会保障相结合，形成了以整村推进、产业扶贫、文化教育扶贫、社会救助扶贫、金融扶贫等为主要模式的中国式扶贫。特别是习近平总书记精准扶贫战略的提出，着眼于不同贫困人口、不同致贫原因、不同贫困问题的精准施策、精准帮扶，进一步推动中国形成了针对不同贫困现象的多元化、多层次、多方面的综合减贫体系，包括发展生产、易地搬迁、生态补偿、发展教育、社会保障兜底的“五个一批”以及电商扶贫、就业扶贫、消费扶贫、健康扶贫等新型扶贫工作模式，丰富了中国特色扶贫开发经验。

三、中国特色扶贫开发的伟大成就

新中国成立 70 年来，中国扶贫开发取得了巨大成就。在国家大规模减贫投入以及一系列扶贫开发战略和政策安排下，中国农村贫困人口大幅减少，解决了普遍性贫困问题，消除了整体贫困现象，并在新时代脱贫攻坚进程中逐步建立起稳定脱贫长效机制，形成并完善了贫困治理体系。同时，中国扶贫开发也为世界减贫事业做出了突出贡献，形成了世界减贫的“中国方案”“中国智慧”。

（一）农村贫困人口大幅减少，从普遍贫困走向整体消除绝对贫困

新中国成立 70 年来，中国扶贫开发取得了突出成效，贫困人口大幅减少，中国首次实现了消除绝对贫困现象。特别是党的十八大以来，中国脱贫攻坚取得决定性进展，力度之大、规模之广、影响之深，可谓前所未有。6 年累计减贫 8239 万人，贫困发生率从 2012 年的 10.2% 下降到 2018 年年末的 1.7%，创造了人类扶贫史上的最好成绩。在此过程中，中国 7 亿多人口摆脱国际贫困线标准，对过去 40 年世界扶贫事业的贡献率超过 70%。与此同时，贫困地区基础设施公共服务水平明显提高，农村生产生活条件得到改善，贫困地区农村居民收入持续保持较快增长，与全国农村平均水平的差距逐步缩小，生活消费水平明显提高。据统计，按照每人每年 2300 元

（2010年不变价）的农村贫困标准计算，2018年年末农村贫困人口1660万，比2017年末减少1386万；贫困发生率1.7%，下降1.4个百分点。2018年全年贫困地区农村居民人均可支配收入10371元，比上年增长10.6%，扣除价格因素，实际增长8.3%。可以说，中国在扶贫开发推动下，率先实现了联合国千年发展目标中使贫困人口减半的目标，成为中国历史上的重要一页，也是中国对人类的巨大贡献。

（二）稳定脱贫长效机制逐步建立，不断提升内生动力

在70年的扶贫历史实践中，中国不断推进扶贫开发的理论创新、组织创新和制度创新，调整完善国家扶贫战略和政策体系，逐步建立起系统、完善的农村贫困治理体系，包括扶贫开发的目标体系、责任体系、工作体系、政策体系、投入体系、社会动员体系、动力体系、监督体系、考核评估体系等。特别是党的十八大以来，中国推动打赢打好脱贫攻坚战过程中，注重稳定脱贫长效机制的构建完善，不断培育、激发和提升贫困人口内生动力，实现贫困地区的内源发展。同时，在扶贫开发实践过程中，大批党员干部深入基层发动群众，以精准扶贫新理念为贫困群众办实事、好事，帮助贫困群众摆脱贫困，改变贫困现状；激发贫困地区贫困群众的内生动力，不断增强贫困群众在参与中的主体感、获得感，改变传统观念，调动群众积极性和主动性。可以说，扶贫开发培养锤炼了一大批干部和人才，造就了一批爱农村、懂农村、懂农民的国家治理骨干，这些既是中国70年扶贫开发的伟大历史成就，也是扶贫开发工作的重要价值体现。

（三）扶贫开发惠及世界减贫事业，贡献减贫“中国方案”

中国在2005年实现了联合国千年发展目标中将贫困人口减半的目标，比预期目标提前10年。按照脱贫攻坚计划，中国将在2020年消除绝对贫困，将再一次提前10年实现联合国2030年可持续发展目标。在全球减贫与发展的道路上，中国不仅为世界减贫事业做出贡献，成为全球减贫的典范，也为推动新型减贫合作关系提供了“中国方案”“中国智慧”。这包括创新贫困人口识别瞄准的精准识别机制和科学方法，实施综合性扶贫策略回应发展中国家贫困问题的复杂性和艰巨性，以及发挥政府在减贫中的主导作用以回应全球经济增长带动减贫弱化的普遍趋势等，中国不仅为广大发展中国家减贫事业发展提供相应的经济和项目援助，也通过减贫方案的传播分享为世界其他国家和地区实施反贫困提供了策略和路径选择。

确保高质量打赢脱贫攻坚战：检验和提升全面建成小康社会水平的重要保障

（2019 年 11 月国内外减贫热点专题评论）

不容置疑，中国脱贫攻坚战取得决定性进展表明，2020 年必将实现“现有标准下的农村贫困人口脱贫，贫困县全部摘帽，解决区域性整体贫困”目标，这充分展示了中国特色社会主义制度优势，创造了世界减贫的“中国速度”，也为全球贫困治理提供了“中国智慧”“中国方案”。但是，脱贫攻坚战目标实现质量和水平是高质量实现还是仅仅在数量型低水平下完成呢？这不仅关系到我国脱贫攻坚战目标任务完成的质量和水平本身，也关系到全面建成小康社会的质量和水平，更关系到我国脱贫攻坚战可持续性程度，更是检验完成这一历史性壮举的重要保障，也是关系到在国际上的认可度、信任度和影响度。

一、确保高质量打赢脱贫攻坚战是落实习近平总书记关于扶贫开发重要论述的新要求

2018 年 2 月 12 日，习近平总书记在成都主持召开打好精准脱贫攻坚战座谈会时对随后三年脱贫攻坚战进行新部署时就确保高质量脱贫曾提出新要求。2019 年 10 月 17 日，在第六个国家扶贫日到来之际，习近平总书记对脱贫攻坚工作作出重要指示，再次强调提出要“确保高质量打赢脱贫攻坚战”的目标和要求。

习近平总书记关于确保高质量脱贫的一系列重要论述，为中国当前及

未来一段时期继续落实打好精准脱贫攻坚战、实现高质量脱贫指明了方向。同时，就现实意义与历史贡献而言，“确保高质量打赢脱贫攻坚战”是高质量实现第一个百年奋斗目标伟大承诺、接受历史性检验的需要，是习近平新时代中国特色社会主义思想在扶贫领域的重要成果和体现，同时也是中国圆满完成 2030 可持续发展议程，推动世界减贫事业高质量发展的重要实践。

二、高质量完成脱贫攻坚战是我国新时代进入高质量发展阶段的基础和保障

“发展是硬道理。”中国始终以发展的名义、发展的方式，解决贫困问题，将扶贫寓于发展之中，在发展中解决贫困问题。这是中国扶贫开发的一项重要经验做法。伴随中国特色社会主义进入新时代，中国经济社会发展也进入到高质量发展的新阶段。高质量发展在根本上以满足人民日益增长的美好生活需要为目标，强调经济发展给人民群众带来更多的获得感、幸福感、安全感。可以说，减少贫困人口，改善贫困人口生产生活条件，是中国推动高质量发展的题中之义。同时，正如习近平总书记指出的，推动高质量发展是中国当前和今后一个时期确定发展思路、制定经济政策、实施宏观调控的根本要求，必须加快形成推动高质量发展的指标体系、政策体系、标准体系、统计体系、绩效评价、政绩考核，创建和完善制度环境。因而在扶贫领域，习近平总书记不断强调要将扶贫开发纳入国民经济和社会发展总体规划，作为重大民生工程深入推进，实现以脱贫攻坚引领经济社会发展全局，把高质量脱贫和高质量发展有机结合起来。在此意义上，“确保高质量打赢脱贫攻坚战”，将有利于中国减贫治理体系的进一步完善以及脱贫质量的有效提升，即推动构建有效的贫困监测和预警体系，政府、市场、社会广泛参与的投入和动员体系，输血造血相结合、注重贫困人口内生动力培育的帮扶工作体系以及完善的扶贫监督与评估体系等，实现稳定脱贫、长效脱贫、可持续脱贫与促进高质量发展的良性互动，充分展示扶贫开发践行高质量发展道路的重要成果和体现。

三、高质量脱贫使中国历史性首次整体消除绝对贫困创举更具信服力

贫困是人类社会的顽疾，是世界各国经济社会发展过程中面临的共同挑战。“贫穷不是社会主义，社会主义要消灭贫穷。”党的十八大以来，习近平总书记高度重视解决农村贫困问题，指出农村贫困人口全部脱贫，是全面建成小康社会、实现第一个百年奋斗目标的底线任务和标志性指标。打赢脱贫攻坚战，历史性首次整体消除绝对贫困现象，是中国共产党向全国人民作出的庄严承诺，是对社会主义本质要求的最好回应。

确保高质量完成脱贫攻坚战，尤其是在解决薄弱环节问题上，坚决攻克深度贫困堡垒，补齐贫困人口义务教育、基本医疗、住房和饮水安全短板，确保高质量打赢脱贫攻坚战。“高质量脱贫”具有深刻的意义和内涵，它指出了新时代中国脱贫攻坚的重要目标：即实现脱真贫、真脱贫，不让一个贫困群众掉队，脱贫成果经得起历史和实践的检验，同时实现稳定脱贫，确保脱贫成果可持续。摒弃以往扶贫工作重视减贫人口数量而忽视减贫成效质量，摒弃“数字脱贫”“被脱贫”等形式主义、弄虚作假行为，高质量脱贫不仅致力于确保实现“两不愁三保障”等基础性目标，还进一步提出巩固脱贫成果，注重帮扶长期效果，建立健全稳定脱贫长效机制，以及实现贫困地区基本公共服务主要领域指标接近全国平均水平等目标任务。习近平总书记在2018年新年贺词中指出，“如期打赢脱贫攻坚战，这在中华民族几千年历史发展上将是首次整体消除绝对贫困现象”，这是“对中华民族、对整个人类都具有重大意义的伟业”。因此，在此意义上，“确保高质量打赢脱贫攻坚战”，是确保历史性解决困扰中华民族几千年绝对贫困问题的重要保障，是确保到2020年所有贫困地区和贫困人口一同迈入全面小康社会，实现中国共产党第一个百年奋斗目标伟大承诺的历史性检验需求，是推动党和国家事业朝着满足人民日益增长的美好生活需要目标迈进的必经之路。

四、高质量脱贫有助于巩固脱贫成果，满足人民群众对美好生活的向往

2012年以来，中国脱贫攻坚取得了巨大成就：贫困县从832个减少到

396 个，全国农村贫困人口已从 2012 年年末的 9899 万减少了 8239 万，减少到 2018 年年末的 1660 万，连续 6 年每年减贫规模都在 1000 万人以上，贫困发生率由 10.2% 降至 1.7%，2018 年贫困地区农村居民人均可支配收入达 10371 元人民币，实际增速高于全国农村 1.7 个百分点。但同时，中国脱贫攻坚依然存在诸多问题和挑战，特别是深度贫困地区，存在贫困发生率高、人均可支配收入低、经济薄弱、生态脆弱、基础设施和社会事业发展滞后等困境，是全面建成小康社会最难啃的“硬骨头”。在此背景下，习近平总书记提出高质量打赢脱贫攻坚战，进一步强调了中国将提高脱贫质量放在首位，从注重减贫进度向更加注重脱贫质量转变，从注重减少贫困人口向更加注重帮扶长期效果，实现稳定脱贫转变，从解决温饱问题向进一步满足人民群众对美好生活的向往转变。

因此，“确保高质量打赢脱贫攻坚战”，脱贫攻坚速度与脱贫质量并重，将有助于中国巩固脱贫成果，提升脱贫质量，构建稳定、长效、可持续的脱贫机制，提升贫困地区基础设施和公共服务水平，进一步改善贫困地区生产生活条件和发展环境，实现“更好的教育、更稳定的工作、更满意的收入、更可靠的社会保障、更高水平的医疗卫生服务、更舒适的居住条件、更优美的环境”，从而进一步满足人民群众对美好生活的向往。

2012 年，习近平总书记履新之初赴河北省阜平县考察扶贫工作，提出“全面建成小康社会，最艰巨、最繁重的任务在农村，特别是在贫困地区。没有农村的小康，特别是没有贫困地区的小康，就没有全面建成小康社会”，由此也开启了新时期中国的脱贫攻坚进程。2015 年 12 月，中共中央、国务院颁布《关于打赢脱贫攻坚战的决定》，明确提出“到 2020 年，稳定实现农村贫困人口不愁吃、不愁穿，义务教育、基本医疗和住房安全有保障”的脱贫目标，进一步推动中国脱贫攻坚取得显著成效。当前，习近平总书记提出“确保高质量打赢脱贫攻坚战”，突出脱贫攻坚与高质量发展道路相结合，明确了下一阶段中国脱贫攻坚的重要任务和目标，具有重要的历史和现实意义，将为进一步推进脱贫攻坚，更好实现中国共产党第一个百年奋斗目标提供坚强保障，同时进一步彰显新时代中国践行高质量发展道路的重要成果，并以“高质量脱贫”为目标和内容为世界减贫事业发展提供更多更好的“中国智慧”“中国方案”。

五、高质量脱贫为全世界树立减贫发展新样板

消除贫困是一切发展问题的前提和核心。2015 年，世界各国通过了《2030 年可持续发展议程》及其 17 项可持续发展目标，致力于消除一切形式的贫穷、实现平等和应对气候变化。作为世界上最大的发展中国家，中国的扶贫开发事业也是联合国可持续发展议程的重要组成部分。纵观二战以后国际社会的减贫发展历程，从设置联合国，世界银行等国际组织开展全球贫困治理，到制定千年发展目标以及 2030 年可持续发展议程，贫困问题仍然没有得到有效的解决。对于许多落后发展中国家来说，消除贫困，仍然任重道远。新中国成立 70 年来，中国政府从解决温饱问题到摆脱绝对贫困、打赢打好脱贫攻坚战，以及十九大报告提出“促进人的全面发展，实现共同富裕”，坚持通过发展解决贫困问题，将通过改革和发展摆脱贫困、实现国家现代化和中华民族的崛起，作为治国理政的第一要务。在此意义上，中国扶贫开发为加快全球减贫进程提供了最佳实践和范本。

当前，中国正在全力推动脱贫攻坚，习近平总书记提出“确保高质量打赢脱贫攻坚战”，这不仅对中华民族，甚至对整个人类减贫都具有重大的意义。事实上，中国在推动打赢脱贫攻坚战过程中形成的贫困治理理论和实践创新，实现了对过去几十年来国际减贫发展理论的创新与超越，不仅为指导中国脱贫攻坚提供了理论和思想武器，也为推动世界其他国家和地区实施减贫发展以及构建新型减贫合作关系贡献了积极的经验和模式。而高质量脱贫的提出，将进一步推动中国扶贫开发在贫困人口识别瞄准、帮扶救助以及扶贫项目运作、减贫成效评估考核等方面的创新和发展，有利于中国更好实现和完成联合国可持续发展议程，促进减贫发展模式的丰富和创新，树立具有中国特色的减贫发展模式。因此，中国推动高质量打赢脱贫攻坚战取得脱贫攻坚胜利的进程，有助于树立具有中国特色的减贫发展样板，进一步丰富中国特色扶贫开发道路模式的经验，为世界减贫发展提供更多、更好的“中国智慧”“中国方案”，推动共建一个没有贫困的人类命运共同体。

打赢脱贫攻坚战是国家治理体系和治理能力现代化在贫困治理上的成功实践和体现

（2019年12月国内外减贫热点专题评论）

贫困治理是中国国家治理的重要组成部分。党的十八大以来，中国脱贫攻坚的贫困治理实践，内化于国家治理体系和治理能力现代化建设进程中，并形成了良性互动、相互促进的局面。与此同时，脱贫攻坚实践和贫困治理进程中形成的相应制度安排、实践策略和有效经验，进一步完善和提升了中国国家治理体系与治理能力，为国家治理体系和治理能力现代化提供了成功的创新案例和经验示范。

现代化是人类社会近代历史发展进程中的重要主题。当前，国家治理能力现代化已成为世界各国关注的焦点。中国实施改革开放四十多年来，社会主要矛盾发生显著变化，这对于新时期中国共产党推动国家治理体系与国家治理能力现代化提出了新的挑战和要求。2013年，中国共产党召开第十八届中央委员会第三次全体会议，正式提出“推进国家治理体系和治理能力现代化”这一时代命题。习近平总书记指出：“我们的国家治理体系和治理能力总体上是好的，是有独特优势的，是适应我国国情和发展要求的。同时，我们在国家治理体系和治理能力方面还有许多亟待改进的地方，在提高国家治理能力上需要下更大气力。”[①] 随后，中国共产党在十八届四中全会进一步明确指出，中国国家治理体系和治理能力是中国特色社会主义制度及其执行能力的集中体现，并提出“坚持和完善中国特色社会主义

① 习近平：《习近平谈治国理政》（中文版），北京：外文出版社，2014年。

制度、推进国家治理体系和治理能力现代化”的总体目标。可以说，推进国家治理现代化是全面深化改革的必然要求，同时也为中国推动国家治理提供了前进的方向和道路，进一步彰显出中国共产党治国理政能力的有效提升。

坚持以人民为中心的发展思想，不断保障和改善民生、增进人民福祉，走共同富裕道路是中国国家制度和国家治理体系的显著优势。作为社会主义国家，不同于西方传统意义上依赖社会福利减贫的路径模式，自新中国成立以来，中国形成了以国家行政力量为主导的减贫实践模式，即充分发挥社会主义制度优势和政治优势，将政府外部干预与贫困地区贫困人口自力更生相结合，推动贫困地区经济社会整体发展以及贫困人口脱贫致富，从而实现共同富裕目标。因此，中国的贫困治理是国家治理的重要组成部分。一方面，国家治理现代化的水平影响和制约着贫困治理现代化的水平，减贫成功与否有赖于制度建设及社会环境的健全和完善；另一方面，贫困治理无疑也影响到国家治理体系和治理能力现代化的水平，有效的贫困治理能够促进和改善国家治理，推进国家治理体系和治理能力的现代化。党的十八大以来，以习近平同志为核心的党中央着眼于全面建成小康社会，把脱贫攻坚工作纳入“五位一体”总体布局和“四个全面”战略布局，全面打响脱贫攻坚战。在此过程中，中国脱贫攻坚取得了显著成效，也推动构建形成了具有中国特色的贫困治理体系，并与国家治理相互促进、相互推动，脱贫攻坚治理实践为国家治理体系和治理能力现代化提供了成功的经验和示范。

一、脱贫攻坚作为我国贫困治理成功案例是新时代中国国家治理的重要组成部分

贫困问题是世界各国特别是发展中国家经济社会发展过程中面临的共同挑战。自 18 世纪以来，西方有关贫困的认知逐渐从个人问题转向社会公共问题，在国家干预主义思想下，解决贫困问题成为国家重要的责任，贫困缓解开始成为一种国家建构，世界各国发展过程中均形成了相应的贫困和反贫困话语体系、制度安排以及专门性的组织机构等。[①] 自新中国成立以

① 刘欣：《国家精准扶贫政策的乡村执行研究》，华中师范大学博士论文，2017 年。

来，中国始终致力于在推动经济社会发展的整体进程中解决农村贫困问题，经历了从救济式扶贫、广义扶贫到建立正式扶贫制度、推行区域瞄准的开发式扶贫，以至扶贫瞄准对象的村级转移和参与式扶贫以及扶贫开发与社会保障“两轮驱动”，到精准扶贫、脱贫攻坚等不同发展阶段，不仅推动反贫困取得了显著成效，也走出了一条具有中国特色的贫困治理道路，逐渐构建起中国的贫困治理体系。

中国的贫困治理可以理解为政府、市场以及社会等多方主体共同参与下，协调调动各项资源，合力帮助贫困人口实现消减贫困目标的过程和状态。① 即在政府的主导下，充分调动全社会力量和资源形成合力，针对具体的贫困问题采取具体的减贫举措，从而实现消减和摆脱贫困的目标。在此，贫困治理是一个国家或地方政府对贫困问题及其对象实行的全过程管理。在宏观层面上，贫困治理涉及政府、市场、社会三者在解决贫困问题中的关系和责任，为消除贫困所采取的战略和政策工具以及贫困治理过程中的责任和问责；在微观层面上，则涉及对贫困的识别、分析、监测和评估等一系列行动模式。② 因此，从本质上来看，贫困治理是一个社会再动员、再组织和再塑造的过程，内在地蕴含于国家治理体系当中。

当前全面建成小康社会背景下的脱贫攻坚，不仅对贫困治理体系的进一步完善发展提出了全新要求，也明确将贫困治理纳入国家治理体系当中，提出以脱贫攻坚统揽各地区经济社会发展全局，将地区脱贫攻坚作为各级政府头等大事和第一民生工程推进，等等。一方面，全面建成小康社会，困难群众不落一户、不落一人。因而实现脱贫攻坚目标是解决现阶段农村经济社会发展过程中突出性问题，决胜全面建设小康社会、实现社会主义现代化、实现中华民族伟大复兴中国梦的重要内容。特别是党的十八届四中全会提出将“坚持和完善统筹城乡的民生保障制度，满足人民日益增长的美好生活需要”作为推进国家治理体系和治理能力现代化的具体工作要求。在此意义上，脱贫攻坚是当前统筹城乡发展的重要内容和迫切任务，是当前全面建成小康社会目标的必要条件，是国家步入经济发展新常态下的战略抉择，是满足人民美好生活需求的必经之路。另一方面，长期以来，

---

① 刘敏：《NGO 与贫困治理：以香港为例》，载于《兰州学刊》2008 年第 8 期。

② 王小林：《改革开放 40 年：全球贫困治理视角下的中国实践》，载于《社会科学战线》2018 年第 5 期。

国家主导成为中国农村贫困治理的显著特征和总体性要求，即坚持“中央统筹、省负总责、市县抓落实”的政策原则和管理体制。从中国共产党执政以及政府过程行为视角审视，脱贫攻坚是国家自上而下进行的社会治理过程，也是充分发挥社会主义制度优势的集中体现，内在地成为国家治理体系的重要内容。同时，脱贫攻坚阶段的贫困治理体系在习近平总书记关于扶贫开发工作重要论述指引下，以精准扶贫精准脱贫的基本方略，不断优化提升贫困治理的投入、动员、实施、监督、评估和考核体系，贫困治理的现代化水平和治理能力得到显著提升。

二、脱贫攻坚的制度安排和能力提升促进了国家贫困治理体系进一步完善

国家治理体系和治理能力的现代化，在本质上要求国家治理适应时代发展的特征和规律，符合一个国家经济社会发展的整体要求，通过创新国家治理的方式和手段，积极回应国民社会生活需求和社会主要矛盾变化，推动国家治理体系制度化、科学化、规范化、程序化，从而取得显著的治理成效，推动实现国家事业发展、人民幸福安康、社会和谐稳定以及国家长治久安。特别是就中国而言，国家治理体系和治理能力现代化是指通过建立完善相应的制度体系，积极发挥中国特色社会主义独特的制度优势，以充分实现国家治理的效能。[①] 因而从内容上讲，国家治理现代化含有两个层面的现代化：首先是在制度层面上，要求国家治理制度设计和制度结构安排的科学化和合理化，突出治理体系的现代化；其次是在治理能力层面上，要求实现国家治理能力的现代化，也是作为治理主体的国家在治国理政过程中所具有的能力和水平。[②]

中国农村贫困治理经历了从非制度化到制度化的演进历程。在此过程中，中国逐渐形成了有关农村扶贫开发的职能机构——国务院扶贫开发领导小组，并推动实施开发式扶贫、集中连片区域开发等一系列政策安排，农村反贫困从新中国成立之初普遍性的社会救助实践逐渐走向专门性、系统性的扶贫开发制度体系。当前在新时期中国打赢脱贫攻坚战进程中，国

① 江必新:《国家治理现代化基本问题研究》，载于《中南大学学报（社会科学版）》2014 年第 3 期。

② 赵永霞:《国家治理现代化视角下“第一书记”嵌入式治理研究》，山西大学博士论文，2018 年。

家提出精准扶贫精准脱贫方略作为农村贫困治理的主要制度安排，并逐步形成了有关精准扶贫对象识别、帮扶、退出、考核、评估等一系列的政策建构，以及坚持党的集中统一领导、坚持全国一盘棋，发挥中国特色社会主义制度优势以及集中力量办大事优势，自上而下以政治任务和运动式治理推进的精准扶贫脱贫攻坚行动，直接推动了国家治理体系的进一步完善。

总的来看，新时期中国脱贫攻坚制度体系的顶层设计，突出强调各级政府都要承担起责任，发挥好中央和地方“两个积极性”，形成上下联通、高效协同的管理体制。按照习近平总书记“五级书记一起抓扶贫”指导思想，各省自上而下地形成了省、市、县、乡、村五级书记一起抓扶贫的领导责任体制。部署东西部协作扶贫、定点扶贫，以及社会各界合力攻坚，不仅有效增强了国家贫困治理体系的资源动员能力，也不断推动着贫困治理领域的改革创新。同时，建立与脱贫任务相适应的投入体系，解决好资金、资源的问题，保障脱贫攻坚各项目标如期实现。在实施体系层面，国家提出“六个精准”“五个一批”实施路径，包括在贫困地区实施基础设施建设、产业发展、就业培训、生态建设、医疗健康服务、公共文化服务、社会保障等多项政策举措。在监督考核层面，逐步建立起比较完整的脱贫攻坚监督和考核评估体系，运用多种形式、相互配合的监督、考核和评估制度和方法，对脱贫攻坚政策和规划的落实情况、扶贫对象识别、政府扶贫绩效、财政专项扶贫资金和贫困退出等进行考核评价。由此，中国脱贫攻坚形成了包含责任体系、组织体系、投入体系、动员体系、政策体系、监督体系、考核体系等在内的“四梁八柱”，不仅为决胜脱贫攻坚战、全面建成小康社会，提供了有力的制度支撑，也促进了国家治理体系的进一步完善。

脱贫攻坚治理体系在实践中不断调整完善，具有鲜明的创新性、科学性、指导性。基于此，国家各项治理的体制机制得以完善，基层社区治理能力得以加强，社会成员协作得到推进，从而强化了党的执政能力建设，巩固了党的执政基础。[①]而有关脱贫攻坚的实施体系、动员体系、考核和评估体系也逐步实现制度化、常态化，并被应用于环境整治、风险防控等其他治理领域，直接促进了国家治理体系的完善。

---

① 洪大用：《完善贫困治理体系推进贫困治理现代化》，载于《光明日报》2017年10月09日11版。

三、脱贫攻坚中的贫困治理体系创新发展，推动了国家贫困治理能力现代化提升

新中国成立七十年来，中国政府主导的扶贫开发工作取得了显著成效，同时也推动世界减贫事业的发展。伴随扶贫工作进入“啃硬骨头、攻坚拔寨”的冲刺期，中国仍面临严峻的贫困问题。一方面，剩余贫困人口大多分布在一些深度贫困地区，自然条件恶劣、发展资源不足、经济基础薄弱、社会发育不完善是其主要的特点，因而在帮扶政策和方式上对扶贫政策及其执行方式的精细化、专业化水平要求较高；另一方面，在以往国家大力持续投入扶贫财力和人力资源的现实情况下，需要进一步创新和提升扶贫开发工作的方法和效率，以充分发挥国家主导扶贫开发的制度效用。①

习近平总书记强调，“国家治理体系和治理能力是一个国家的制度和制度执行能力的集中体现，两者相辅相成。”因此，突破当前阶段贫困治理发展的困境，需要具备国家治理能力现代化的战略思维，从经济治理体系、政治治理体系、文化治理体系、社会治理体系、生态治理体系、党的建设体系、法治建设体系等方面多维度推进国家贫困治理能力现代化建设。②事实上，党的十八大以来，习近平总书记提出精准扶贫、精准脱贫基本方略，中国国家贫困治理体系经历了一系列调整创新，在信息汲取能力、政治保障和制度保障能力、综合回应能力、资源动员能力以及政策执行能力等方面都有显著提升。可以说，以精准扶贫战略为主的有关脱贫攻坚的一系列制度安排和实践策略，是中国贫困治理体系因应新时期减贫形势变动和打赢脱贫攻坚战“时代呼唤”所做出的战略调整，其实践过程是国家贫困治理体系现代化和治理能力提升的过程，也是进一步推动中国国家治理能力现代化的过程。③

具体而言，中国脱贫攻坚进程中，着力构建起政府、市场、社会协同参与的“大扶贫”格局，综合发挥政府、市场、社会在贫困治理中的作用，

① 孙德超、高锐：《打好“三大攻坚战”的理论阐释与推进路径——基于国家治理能力的视角》，载于《理论探讨》2019 年第 3 期。

② 莫光辉、皮劭轩：《国家治理能力现代化视域下贫困治理体系优化策略——2020 年后中国减贫与发展前瞻探索系列研究之二》，载于《学习论坛》2019 年第 4 期。

③ 吕方：《精准扶贫与国家减贫治理体系现代化》，载于《中国农业大学学报（社会科学版）》2017 年第 5 期。

进一步提升政府的资源整合能力和社会动员能力；利用市场机制“看不见的手”进行宏观层面的资源配置，通过促进贫困地区经济发展，实现带动贫困人口脱贫致富的“涓滴效应”；发挥社会组织灵活、高效的特点和优势，使其在帮扶救助特殊贫困地区及特殊贫困人口过程中发挥专业性、补缺型作用。[①] 在政策供给层面，提出以“绣花”功夫强化“因村因户因人施策”，解决帮扶措施不精准的问题，提高贫困治理的精细化管理水平。围绕“五个一批”实施路径，各地贫困地区因地制宜，创新形成了“扶贫车间”“消费扶贫”“电商扶贫”“构树扶贫”等一系列精准扶贫模式，不仅显示了政府对于贫困地区和贫困户多元化、差异化需求的综合性回应能力，也显示了基层政府高效、创新的政策执行能力。同时，通过精准扶贫实施过程中签订目标责任状、层层压实责任以及严格的精准考核和评估机制，脱贫攻坚治理实践进程充分发挥了中央和地方的积极性、创造性，有效提升脱贫攻坚治理体系在不同贫困地区应对不同贫困问题的适应性和执行力。这些也集中体现了中国国家治理体系将社会主义制度与市场经济有机结合，不断解放和发展社会生产力，以及坚持改革创新、与时俱进，善于自我完善、自我发展的显著优势。

四、脱贫攻坚的贫困治理成功实践为国家治理体系和治理能力现代化提供了经验并起到示范作用

新时代中国脱贫攻坚取得了显著成效，也充分显示了中国共产党的执政宗旨以及中国国家制度和国家治理体系具有多方面的显著优势。而在此过程中，以精准扶贫、政府主导为主要理念和特征，中国积累了丰富的减贫实践经验，进一步推动中国特色贫困治理体系的丰富和完善，这些也为提升国家治理体系和治理能力的现代化提供了经验和示范。

贫困问题是一项复杂的且与整个经济社会系统密切相关的问题和现象，其在人类社会发展过程中不仅具有经济、社会、文化、心理等不同的表现形式，在致贫原因的讨论上也形成了道德缺陷致贫说、资源匮乏致贫说、制度结构致贫说、文化心理致贫说等不同解释观点，因此解决贫困问题的

---

① 凌文豪、刘欣：《中国特色扶贫开发的理念、实践及其世界意义》，载于《社会主义研究》2016 年第 4 期。

方式亦在不断创新和发展，从而走向了更加多元化、多层次、多维度的综合性治理方式。① 在中国农村扶贫开发进程中，逐渐形成了扶贫开发与社会保障并重的扶贫“两轮驱动”举措。特别是脱贫攻坚阶段，中国提出实施精准扶贫精准脱贫方略，以综合性减贫策略回应发展中国家贫困问题的复杂性和艰巨性。当前中国的贫困治理体系，强调精准识别、精准帮扶，提出因地制宜，因人、因户、因村施策，针对贫困人口不同需求采取更加具有针对性的扶贫措施，提高扶贫资源供给与贫困人口需求的衔接度。由此，“精准”或者说“精细化”成为当前中国国家治理体系建设当中重要的实施策略和目标取向，不仅强调政府政策供给与政策需求的匹配度和针对性，也强调了提升政策的综合性，应对人民群众多元化、差异化政策需求的重要意义。

同时，中国注重发挥政府在减贫中的主导作用，通过落实“中央统筹、省负总责、市县抓落实”的管理体制，由政府主导贫困人口识别、帮扶、退出、评估的各个阶段，精准扶贫转化成为地方政府的中心任务，同时打破以往政府内部行政治理条块之间的明确界限，动员起各个部门的资源和力量投入到脱贫攻坚进程中，有效提升了地方政府的统筹整合能力和资源配置能力；② 而通过实施驻村帮扶、“第一书记”等制度安排，促使党员干部深入贫困地区基层前线，切实帮助贫困地区开展精准扶贫，不仅助力贫困地区改变贫困现状，提升基层治理水平，也进一步密切了党群关系、干群关系，巩固了中国共产党的执政基础，成为新时代中国贫困治理进程的显著特色和成功经验，同时也集中体现了“紧紧依靠人民推动国家发展的显著优势”。这些对国家其他发展领域治理体系和治理能力的现代化产生了积极的借鉴和示范作用。

国家治理能力“是运用国家制度管理社会各方面事务的能力，包括改革发展稳定、内政外交国防、治党治国治军等各个方面”③。中国自新中国成立之日起开始了消除贫困、改善民生的实践探索，特别是 20 世纪 80 年代

---

① 凌文豪、刘欣：《中国特色扶贫开发的理念、实践及其世界意义》，载于《社会主义研究》2016 年第 4 期。

② 许汉泽、李小云：《“行政治理扶贫”与反贫困的中国方案——回应吴新叶教授》，载于《探索与争鸣》2019 年第 3 期。

③ 秋石：《不断提高运用中国特色社会主义制度有效治理国家的能力》，载于《求是》2016 年第 19 期。

正式启动了有组织、有计划、大规模的扶贫开发进程，减贫发展成为国家治理的重要组成部分。在此过程中，中国政府主导下的扶贫开发取得了突出成就，也逐步形成和建立了具有中国特色的贫困治理体系。当前，新时代脱贫攻坚的治理实践是在伴随中国经济社会发展步入新常态、社会主要矛盾发生重大转变以及全面建成小康社会进程中，中国对扶贫开发做出的最新战略安排，因而内在地成为国家治理体系的一部分。同时，脱贫攻坚进程中形成的一系列制度安排以及实践策略模式，提升了国家治理体系以及治理能力的现代化水平，其实践经验也为国家治理体系和治理能力现代化提供了成功的经验和示范。但同时，我们也必须认识到，中国脱贫攻坚治理实践仍然处于不断完善发展的动态过程之中，还需要进一步的实践检验和理论提升，而脱贫攻坚治理实践经验的可持续性及其在其他国家治理领域的适用性、边界性、可复制性等问题仍待进一步的反思和审视，脱贫攻坚治理实践对其他国家治理领域的影响意义，以及如何进一步参与全球治理，为构建人类命运共同体不断做出贡献，等等，都将是值得继续深入挖掘和研究的问题。

第二部分　中国减贫政策与实践报刊选载（2019 年—2020 年）

防止返贫，巩固脱贫成果是关键

（2019年4月11日《社会科学报》 张琦）

精准扶贫是2012年以后中国实施的一项基本方略。对于包括新县在内的扶贫来说，脱贫、减贫和扶贫仍有很多的问题需要引起重视。现在有153个贫困县实现摘帽，2019年可能有280多个贫困县摘帽，总共有400多个县实现脱贫，目前全国剩余1600万左右的贫困人口。不仅剩下的贫困人口更难脱贫，而且有可能脱贫后的人口出现一些返贫的现象。

目前政府面临两大任务：第一，未脱贫县如何实现脱贫，打好三大攻坚战。最近几年，政府一直强调扶贫，各方面政策不断推行，深度贫困地区也出台过一些政策，每年针对扶贫、脱贫也有新的政策部署。第二，脱贫摘帽以后，有些地方存在政策放松，对返贫现象未给予足够的重视。从这个角度讲，通过最近几年参加的有关政策的评估和去年对全国50多个贫困村的固定点调查后，我从以下几个方面谈谈目前我们应该重视的问题：

在贫困户层面，现在亟待解决的就是如何巩固脱贫的成果，防止返贫。如何通过就业手段解决西部脱贫质量不高的问题，这是非常重要的；但是受区域条件的制约，一些西部民族地区，甚至在一些山区，即使已经脱贫，但是质量并不高，需要通过就业脱贫的手段提升脱贫的质量。政府面临着以下几个问题：

一是除了转移收入外，政府的很多政策没有表明2020年后该如何进行，很有可能在2020年后面临没有固定性的收入政策，导致返贫现象可能发生。如何实现通过就业解决贫困问题，这方面需要重视；二是产业扶贫是扶贫脱贫当中主要的方面，但是政府应该重视产业扶贫市场风险性。但是，产业扶贫的问题也很多，最近产业扶贫因为市场问题导致有一些返贫现象，大量的苹果、核桃、猕猴桃、茶叶等经济作物不断地生产出来，但很多贫困村只是为了实现短期的目标而生产，最后造成市场没增收，反而造成了返贫现象；三是解决边缘户的问题，这些边缘户的扶贫如何实施，如何解决，这也是目前非常大的问题。各地现在已经有很多地方探索了一些新做法，具有普惠性、技术性。但是这里面非常重要的一点就是需要财政资金的支持。

在村级层面，首先，基础设施依旧存在短板，基本上农村大多数的投资都在基础设施上。但是，深度贫困地区依旧存在短板，基础设施质量仍然存在很大问题。另外，存在设备短缺的现象，这种情况出现在部分村部里，但是现在其他地区包括山区中这些基础设施方面的改善比较弱。其次，存在很多生活方面的问题。例如水质安全问题，有一部分地区的水质无法达标。交通方面也存在问题。在住房方面，很多贫困户的住房严格上达不到C级标准，本质上是危房，需要修缮。并且，在这几年中也有一些自然灾害，导致出现一批危房，因此需要重新进行评估困难户或者脱贫户的住房问题。第三，目前村集体的收入存在问题，集体收入参差不齐，有一些好的村集体收入很高，有一些地方村集体的收入比较少。

例如，我们在东北调研的时候，当地村集体经过产权登记后，面积比原来扩大了好几倍，这一部分可以作为村集体的收入来源。但是，我们需要探讨如何通过产业经营性的收入来增加村集体的收入，只有这样才能让村集体维持整个基础设施、公共服务更好地发展。

在区域层面，区域发展带动可持续脱贫，相比到村到户的支持，在将14个贫困片区脱贫后，以区域发展来带动扶贫脱贫。脱贫政策实施以后，政策对区域发展的支持比较弱。通过区域的层面如何实现整个经济的发展，带动贫困户的发展，促进贫困户的增收，这是政府下一步必须要加强的。因为仅仅靠农户、贫困户的改进，这些贫困户可能现在脱贫了，但是没有区域带动发展很难维系脱贫状态。所以只有区域的发展，产业的形成，才能在整体上带动脱贫的可持续发展。

在工作层面，我们用精准扶贫的思想推动下一步脱贫攻坚。从国家的角度来说，提高标准后，仍需要国家部分财政进行支持。另外，由于竞争或者一些评比、考核中造成很多的浪费现象。比如，贫困户住医院是免费的，这样会造成新的矛盾。因而，如何在精准扶贫方面更精准，能按照“两不愁三保障”的标准来实施。实施了以后，如何根据自己的实力解决实际问题，提升扶贫的质量和水平，这也是非常重要的。

在国务院推行的扶贫方面，如何把项目库的建设和现在的扶贫脱贫相结合，这是很大的问题。首先，扶贫资金量很大，但是可持续性项目少。短期的项目多，长期性项目少。因为到2020年，各地区政府都想完成脱贫目标，所以多会选择一些短期见效快的项目。但如何建立一个长效的协调机制，建成一个长远性的规划项目。如何在脱贫扶贫的过程中将资金的使用效率、扶贫的效率相结合，增加市场化的机制，这样扶贫脱贫的效率才会更加明显。但是，有一些政策无偿的支持，依赖性强，政府进行帮扶，这种做法消减了贫困户依靠自身脱贫的能力。

扶贫需要多部门的联合，例如民政部，无论有没有劳动能力，其收入低于当地收入的人，都应该通过低保来兜底。此外，宣传政策的作用非常强，也非常有必要。比如，有些小额贷款，有贫困户认为是国家免费资助的，因盲目和过度贷款，最后导致其无法还款的后果。当然，在一些医疗、就业等方面的政策，也需要正确的宣传，避免引起贫困户的误解。

2019年后扶贫脱贫面临新挑战的思考与建议

（2019年6月15日《扶贫开发》 张琦 沈扬扬）

2018年是我国改革开放40周年，也是脱贫攻坚最为关键的一年。从来自全国扶贫工作会议的信息看，2018年脱贫人口达1000万以上，脱贫摘帽县200多个。2019年以后的脱贫攻坚的任务会更加艰巨，对此，我们需要保持清醒的头脑和积极向上的热情，坚决打赢和打好脱贫攻坚战。

一、我国扶贫政策的新进展

（一）要做好长期攻坚深度贫困的准备。“脱贫攻坚本来就是一场硬仗，而深度贫困地区脱贫攻坚是这场硬仗中的硬仗。”[1]理由在于深度贫困地区的贫困程度更深、构成人员更为特殊（少数民族占八成）、区域基础条件更差，以及贫困成因[2]复杂且难攻克（主要表现为疾病、残疾、老龄化、抗风险能力低差[3]）。这就意味着要做好长期攻克深度贫困问题的准备，同时要反复论证深度贫困地区的扶贫方案。

（二）尚缺乏对基础性扶贫工作后续保障问题的思考和全面性准备。在各地调研过程中，我们发现一个普遍的共性是，由于扶贫项目的实施期截止到2020年，除部分地区考虑了“后三年”的后续保障问题（如河北省）外，但多数省份受到财政资金、日常工作重点调整等约束，无力充分保障2020年后对贫困地区和贫困人群的可持续性支持。考虑到贫困问题具有长期存在和不可避免的共性，贫困户实现能力脱贫需要一定时间（一代甚至是几代人的勤奋努力和思想转变）；结合对解决深度贫困问题的思考，更要出台持续性扶贫政策。因此，需要重视并思考基础性扶贫工作的后续保障问题。

（三）非贫困村、非贫困县脱贫任务十分艰巨。现阶段日益凸显的一个矛盾是国家对支持贫困县与非贫困县、贫困村与非贫困村的资金投入力度以及帮扶力度的差距，导致部分非贫困县和非贫困村，落后于近几年受扶贫政策支持的贫困县和贫困村的发展程度。例如，河北张家口就提出了非贫困村的问题，其脱贫攻坚工作情况汇报中指出："截至 2017 年底，全市非贫困村贫困人口占贫困人口总数 57%，非贫困村贫困发生率大于 30% 的占 5.3%。但由于地方政府帮扶力度有限，主要帮扶力量仍集中在贫困村，加之政策上仍主要要求扶贫资金投向贫困村，非贫困村的脱贫任务十分艰巨。"故此，在乡村振兴背景下，亟待缩小贫困村与非贫困村、贫困县与非贫困县的发展差距。

（四）脆弱群体政策支持力度还须持续加强。当前的扶贫救助对象主要是收入在贫困线以下的建档立卡户。在各种扶贫政策的作用下，他们的贫困状况得到了缓解或者摆脱了贫困。然而，还有一大批农村人口的收入只是略高出扶贫标准，具有陷入贫困的极大风险。他们属于脆弱群体，是一群易随时受到冲击而陷入贫困的群体。但由于他们不是建档立卡户，完全无法享受到各类扶贫政策。如果将他们与建档立卡户进行比较可以发现，在生活状况与陷入贫困的概率上，两个群体之间并没有显著差异；而在享受的公共政策方面，却有着巨大的差异。这种差异会激发脆弱群体的不公平感，引发社会矛盾。因此，逐渐将扶贫政策辐射到边缘低收入人口之中应成为下一步工作的思考方向。

二、对未来两年及 2020 年后全面消除极端贫困的一些建议

我们认为在决胜脱贫攻坚战中，可进一步从如下三方面发力：一是集中优势兵力长期攻坚深度贫困难题；二是巩固现有扶贫成果，防范返贫；三是提升贫困人口脱贫致富能力，实现长期稳定性脱贫发展格局。具体来讲：

（一）集中优势兵力长期攻坚深度贫困问题。解决深度贫困问题，要做好长期攻坚准备。可以采取三步走的战略：第一步，稳扎稳打实现"两不愁三保障"，做好饮水安全、控辍保学、健康扶贫、住房安全方面的工作；

同时扎实推进易地扶贫搬迁，引导贫困群众逐步接受现代文明。第二步，强化后续帮扶、扎实教育等有利于提升深度贫困人群代际发展的基础性工作。第三步，选择性借鉴扶贫成功经验，一步到位缩小深度贫困地区与一般地区的发展差距。例如，以市场需求为导向，因地制宜走特色优质高效发展路子；挖掘深度贫困地区的绿色发展模式，融合生态、旅游、文化和民俗综合性发展；激发贫困群众内生动力和参与感，等等。

（二）重视返贫问题，探索出台防范返贫的应对措施和政策。为巩固扶贫成效，返贫问题将成为脱贫攻坚决胜期最需要考虑的问题之一。在研究上，在了解返贫人口规模的基础上，了解其结构性特征、区域分布特征等；更重要的是研究他们再次陷入贫困的诱因。在对策上，要对这部分特殊群体实行特殊的政策，并由此及彼地出台防范返贫的应对措施，这些措施既要有助于提高脱贫群体的发展动力和发展能力，也要建立防范返贫机制，如“防贫保险”等。

（三）赋以贫困户持续性“两不愁三保障”的基础性扶贫救助保障。经过几年的实践，我们能够明显看到通过地方公共服务建设和服务供给质量的提升，对农村贫困人口承诺的“两不愁三保障”得到了很好落实。在未来阶段，需要进一步扩大贫困地区的公共服务保障面，并逐步提升保障质量。这是因为一些“保障”内容（如教育、医疗）具有动态性，与政府持续的财力支持和发展思路具有相关性。要坚决防范脱贫攻坚期结束后，地方政府为了追求经济发展而改变财政支出方向，减少对基础教育、医疗服务，乃至社会救济的支持力度，从而导致脆弱性农户的返贫和致贫。

（四）要研究解决脆弱群体缺乏政策支持的问题，逐渐将扶贫政策辐射到对边缘低收入人口之中。2020 年后，要重新思考建档立卡群体“脱贫不脱政策”的可行性和公平性。一方面，需要考虑适当降低对建档立卡户无条件给予政策支持的力度，避免滋生“争当贫困户”的逆向激励；另一方面需要针对脆弱人群出台一些防范其陷入贫困的政策措施。

（五）思考建成小康社会的高质量和社会包容性发展问题。尽管我国人类发展指数的世界排名在不断进步，体现出国家综合发展实力的提高，但是人类发展水平仍处于偏后的水平。在未来很长一段时期内，消除绝对贫困，缓解相对贫困仍是中国经济和社会发展中面对的主要挑战。为了应对这一挑战，中国在全面建成小康社会后仍要坚持包容性发展的战略，让低收入人群共享经济社会发展的成果，实现经济发展与健康、教育、生态等方面发展的同步性，实现全社会共同富裕的理想。

参考文献

[1] 摘自习近平总书记在2017年深度贫困地区脱贫攻坚座谈会上的讲话。
[2] 参考：2017年10月25日，范小建同志在宁夏大学做的《关于扶贫攻坚的几个问题》报告。
[3] 根据2017年国务院扶贫办对全国最困难的20%的贫困县所做的分析，2017年因病致贫贫困户占44%，因残致贫占13%。

关于壮大贫困地区村集体经济的思考与建议

（2019 年 8 月 2 日《人民日报国家治理周刊》

张琦　冯丹萌）

党的十九大报告强调要“实施乡村振兴战略”，并提出了“深化农村集体产权制度改革，保障农民财产权益，壮大集体经济”的具体要求。对于贫困地区和刚刚脱贫的地区而言，集体经济是保障贫困地区顺利脱贫和巩固脱贫成果的坚实抓手，也是贫困地区有效衔接乡村振兴战略的重要保障。未来贫困地区想要实现长远稳定的发展，必须进一步发展壮大集体经济。

村集体经济的重要意义

村集体经济是保障贫困地区稳定可持续性脱贫的重要基础。贫困人口脱贫致富很大程度上依赖于村级集体经济水平以及乡村治理能力。一方面，贫困地区往往地处偏远，信息接收渠道闭塞，村集体的壮大发展增强了村级整体的信息获取能力，从而使贫困人口获益。另一方面，贫困人口由于自身或客观条件受限，自我发展能力弱，需要政府和村集体为其提供产业选择、资金保障、技术培训以及市场衔接等方面的帮助。这种情况下，村集体经济的发展对于贫困地区、贫困人口而言，显得至关重要。近些年很多贫困地区依靠乡村旅游、特色产业、劳动力转移等方式实现脱贫，其中村集体经济所做的贡献不可忽视。

村集体经济是激发贫困地区内生活力的重要因素。内生活力是真正体现一个地区综合发展水平的有效因素，更是决定一个地区长远稳定发展的关键性因素。集体经济恰恰能够把贫困地区的内生活力调动出来，并发展壮大。集体经济的优势首先在于资源的有效整合，很多贫困地区拥有得天独厚的自然资源，开发潜力大，经济价值高，发展村集体经济能够对当地资源进行有效选择，整合规划，并提出适合当地实际情况的发展思路。同时，集体经济的优势还在于对当地群众的有效组织，集体经济的壮大发展可以在一定程度上有效地聚集农村人员力量，增强村民凝聚力，提升综合发展能力。

村集体经济是贫困地区衔接乡村振兴战略的重要保障。发展村集体经济是贫困地区推进乡村振兴的必由之路。首先，乡村振兴中"治理有效"是抓手，村集体经济组织作为与人民群众切身利益息息相关的组织，具有推动基层治理创新发展的重要使命，因此集体经济组织的构建和完善是贫困地区衔接乡村振兴战略的有效"通道"。其次，乡村振兴离不开"产业兴旺"，而贫困地区的产业发展，离不开村集体经济的整体带动，不论特色产业、品牌产业、旅游产业、生态产业还是休闲农业产业，都需要村集体经济在生产、加工、销售以及监管等环节进行把控和保障。另外，生态建设以及乡风文明建设作为乡村振兴的重要保障，需要一个坚强持久的组织为其提供充足的物质基础，而村集体经济组织便充当了这样的角色。因此，只有村集体经济的介入，才能将贫困人口与乡村振兴战略真正地衔接。

贫困地区村集体经济发展面临的主要问题及挑战

对于贫困地区脱贫及发展而言，村集体经济一直是当地发展过程中的"短板"。究其原因，既有客观原因，也有主观原因；既有现实原因，也有历史原因。多种因素的制约导致贫困地区村集体经济发展步履维艰，归纳起来，主要有四个方面的原因：

第一，村集体经济发展存在区域差异大、发展不均衡的现象。从区域发展的角度来看，村集体经济存在较严重的区域不均衡问题。除了贫困村与非贫困村之间的不均衡外，贫困地区也存在明显的不均衡现象，其中城镇周围地区的村集体经济发展状况明显好于其他地区；有旅游、生态等开发资源的贫困地区的村集体经济也普遍发展较快；领导班子素质高的村庄村集体经济发展也较快。可见村集体经济发展受内外部条件的影响较大，敏感度较高，目前未形成统一的发展机制，不同区域间的发展差异较大。

第二，由于农村空心化、空壳化，人才资源严重流失，农村发展的内生动力不足。由于贫困地区发展滞后，村集体经济发展面临严峻的人才“短缺”、力量薄弱的难题。贫困地区长期受经济、社会、信息以及就业等因素的制约，大部分劳动力转移到沿海城市或者更发达的地区，导致贫困村人才短缺，严重影响村集体经济组织的健康可持续发展。据有关数据显示，贫困地区农村有务工经历者在在籍人口中占比34%；22–50岁务工人口在有务工经历者中占比56.7%。这说明贫困地区主要劳动力离村外出务工现象较为严重。贫困地区主要核心劳动力的流失给村集体经济的发展壮大带来一个棘手的问题，那就是如何在劳动力大量流失的同时吸引当地人才返乡。

第三，村集体经济结构单一，增收能力不强，抵抗自然和市场风险能力不强。村集体经济的发展不仅要看数量，还要看质量；不仅要看结果，还要看过程。很多村虽然按照“村集体经济收入要达标”的要求完成了脱贫任务，但都是通过土地出租等硬性手段实现的，收入形式单一，完成质量不高，且长效性不强。虽然近年来很多地区总结了“龙头带动”模式、“企地联营”模式、“扶贫车间”模式等一系列村集体经济发展的成功案例，但是很多模式在贫困地区就像被“捆住手脚”一样无法施展。有的贫困地区自然条件恶劣、交通闭塞，农产品成本过高，市场竞争力弱；有的贫困地区经济发展落后，发展空间受限，与经营主体联结机制不完善。种种原因造成贫困地区村集体经济发展模式并未真正形成，增收机制还待完善。

第四，村集体经济组织机制不完善，成员权益保障缺失。虽然近年来国家对村集体经济的重视程度不断提升，但是从基层来看，基层干部关于村集体经济的发展观念仍旧较为滞后，政策落实效率低，缺少发展后劲。再加上，村集体经济组织缺乏配套的约束和激励机制，导致领导班子积极性不高，对贫困人口的带动能力凸显不出来。此外，村集体经济发展缺乏法制化、规范化的管理机制，村集体资产缺乏法律体系下的使用和监管，村集体组织成员的有效权益保障力度不够，也是村集体经济发展中面临的问题。

进一步壮大贫困地区村集体经济的思考与建议

2018 年，中共中央、国务院印发《乡村振兴战略规划（2018 年—2022 年）》提出要“建立现代农业经营体系”“发展新型农村集体经济”。对于贫困地区和刚刚脱贫地区来说，如何在乡村振兴战略的引导下，进一步壮大和发展新型村集体经济也是需要思考和讨论的问题。

制定鼓励能人返乡创业政策，提升村集体经济的人才资源储备。实践证明，贫困地区集体经济发展尤其需要本地能人的带动和农民集体归属感、凝聚力的重塑。贫困地区能人返乡既要在量上下功夫，也要在质上把好关。不仅要采取措施吸引更多的能人返乡，同时也要思考能人返乡后真正带动当地发展的好路子。因此，未来需要进一步促进贫困地区人力资源开发，将人力资源转化为高质量的人才资本。一方面，加大政府对能人返乡的优惠政策扶持力度，运用资金补贴、政策扶持、金融支撑等多重手段，为其提供宽裕的发展环境，鼓励农民工、大学生、退伍军人等各类乡村优秀人员返乡创业；另一方面，探索乡村能人与集体经济组织的有效合作模式，找到互利共赢的可持续发展机制。鼓励乡村能人尽可能多地参与到村集体经济组织管理队伍中，进一步壮大集体经济组织力量；也可以探索乡村能人与集体经济组织合作的创新模式，通过产业合作等方式加快能人与村集体经济组织间的收益共享。

扩大村集体经济的收入渠道，提升村集体经营性收入水平。很多贫困地区由于长期发展受限，造成多数村集体资源积累少，渠道单一。因此，需要进一步夯实贫困地区集体经济发展力量。首先，拓展渠道，由原来出租土地等较为单一的方式横向延伸，根据当地资源优势，优化产业结构，深度发掘贫困地区特色产业，积极发展村级产业，因地制宜形成具有特色的“一村一品”发展模式；纵向发展，提升产业发展质量，打造品牌农产品，提升农产品价值。其次，推动深度贫困地区产业融合，有效挖掘旅游、生态、文化等产业价值，结合乡村自然风光选择适宜的产业发展项目，提升经济效益。有效盘活土地、森林、河流等自然资源，通过转让、租赁等办法提升基本农村集体资产质量与价值，在此基础上，进一步挖掘民俗文化、乡土文化、革命文化等内在资源，通过与旅游业等第三产业相融合，使得内在资源外在转化，拓展村集体经济的发展渠道。最后，增强新型经营主体质量，提升家庭农场、农民专业合作社以及龙头企业的带动作用，解决贫困地区生产与市场有效对接问题。完善产业主体培育，增强新型经营主体示范带动作用，缩小深度贫困地区贫困户在信息、技术、观念等方面与其他地区的差距，为深度贫困地区贫困人口提供就业机遇和产业发展渠道。构建完善的产业扶贫带动机制。对“龙头企业 + 农户”“龙头企业 + 合作社 + 农户”“合作社 + 农户”等模式进行规范化引导，鼓励龙头企业、合作社、专业大户、家庭农场和贫困户之间形成紧密的合作发展机制，探索建立“风险共担，利益均沾”、稳定持久的利益联结机制，提升农业产业发展与扶贫脱贫机制的联结程度，使农业产业发展真正惠及贫困人口。

推进贫困地区集体经济政策的公平化、制度化、常态化。首先，继续补齐贫困地区基础设施建设短板，进一步缩小贫困地区与非贫困地区基础设施建设的差距。目前，部分地区的基础设施仍然存在较大问题，尤其是深度贫困地区以及部分偏远地区，未来应继续加强贫困地区的路、电、水、通信等基础设施建设，并结合乡村振兴战略，加强农村环境和村容治理。其次，加强贫困地区公共服务建设，尤其是公共教育方面，提升贫困地区基本公共服务水平和教育发展水平。推进深度贫困地区教育扶贫台账的建立，保障各教育阶段建档立卡学生从入学到毕业的全程全部资助；提高学前教育质量，大力发展公办幼儿园；提高中小学教学水平，普及高中教育；增强职业教育培训，在深度贫困地区创办中等职业学校，加强高等职业教育，依靠东西协作带动深度贫困地区职业教育扶贫工作；对深度贫困地区子女考上大学的贫困家庭要给予重点扶持。加强对偏远或少数民族地区基层干部和农民的文化、技能培训；加大深度贫困地区师资力量建设，加大对乡村教师的引进、培训和补助力度。再次，进一步加强深度贫困地区公共卫生服务，进一步扩大村级卫生室覆盖率，全面加强深度贫困地区村级医疗服务能力建设，提升三级医院与深度贫困地区对口帮扶效率，加大对深度贫困地区乡村医生的培训力度，壮大乡村医生队伍，并进一步提升乡村医生的基本待遇。提升深度贫困地区妇幼卫生保健工作，加强并提高对产妇、孕妇以及新生儿的救治条件和水平。最后，增强村级公共文化服务，着力提升深度贫困地区公共文化服务能力和水平。继续扩大文化广场、戏台、图书馆等文化场所的建设；同时，增加深度贫困地区的公益性演出频率，丰富公共文化产品供给，提高公共文化服务效能。

进一步完善村集体经济组织机制。从乡村治理层面看，村集体经济组织的工作机制是任何地区都需要不断完善和改进的重要环节，对于贫困地区而言更是如此。对此，一是要进一步完善集体经济组织内部结构。强化党建工作与扶贫工作的协调和融合，充分发挥党组织在引领农村组织建设、产业发展等领域的核心作用；加快对农村集体经济的性质、组织原则、经营体制、产权制度、管理结构、利益分配等重大原则问题进行制度规范；加大对集体经济组织在产业、土地、金融、社保等方面的综合政策支持力度；加强村集体工作队伍力量，对贫困地区和部分刚脱贫地区，继续发挥驻村干部的帮扶协调作用，帮助村集体工作顺利过渡；继续通过东西协作、对口帮扶等区域性政策，夯实贫困地区村集体组织；提升贫困村干部发展意识，适当组织地区间的考察交流，开拓村干部的创新发展思维。二是进一步规范村集体经济资产管理。加强对集体资产的清产核资、资产评估、产权登记，加强对农村集体资产的监督管理，建立健全村级财务管理机制、财务预决算制度、定期审计制度，实行民主理财，坚持和完善以财务公开为主要内容的村务公开制度，定期公开账目，接受群众监督，形成有力的监督约束机制。

从温饱向全面小康的跨越

（2019 年 9 月 18 日《光明日报》 张琦）

中国扶贫 70 年是一部波澜壮阔的奋斗史。70 年来，中国共产党带领全国人民一起砥砺奋进，在脱贫致富的道路上携手前进，解决了 7 亿多人口所面临的赤贫问题，实现了从封闭落后贫穷迈向开放进步富裕。70 载春华秋实，中国政府持续向贫困宣战，从温饱迈向全面小康的跨越，创造了人类减贫史上的中国奇迹。

70 年来，中国始终把消除贫困、改善民生和实现共同富裕作为宗旨，坚持把发展作为解决贫困问题的根本途径，大力实施大规模扶贫开发，从解决温饱到全面实施精准扶贫、精准脱贫方略，我国取得举世瞩目的脱贫成就。

新中国成立初期，中国是世界上贫困率最高的国家之一，农村生产力水平较低，各地区特别是贫困地区农村居民收入消费水平普遍较低。

到 2018 年年末，中国农村贫困人口已减少至 1660 万人，农村贫困发生率下降至 1.7%，中国人均可支配收入达到 28228 元，比 1978 年实际增长 24.3 倍。

照此速度，到 2020 年现行标准下农村贫困人口必将一个不落地全部实现脱贫，包括贫困县全部摘帽，区域性整体贫困问题得到解决。中国几千来年的绝对贫困问题将得到历史性的解决。我们很快迎来中华民族几千年历史发展上首次整体消除绝对贫困现象的历史时刻。

70 年的扶贫脱贫史就是中国贫困地区社会经济发展的全面进步和提升史。通过连续多年的努力，以“三保障”为核心的贫困地区的基础设施条件和公共服务水平也大幅提升，群众的生产生活条件明显改善，教育、医疗水平大幅提高。尤其是精准扶贫以来，在实现公民基本生存权的基础上，政府通过产业开发、教育扶贫、健康扶贫、生态扶贫和易地搬迁等方式，采取更精准的举措和超常规的力度帮助贫困者实现发展的权利，创造更多的机会让人人都能脱贫致富。同时，在扶贫过程中更加注重维护特殊群体利益保障，将贫困妇女、儿童、老年人、残疾人等作为重点对象予以保障。扶贫开发大大改变了中国农村贫困地区的落后面貌，群众的获得感和幸福感明显增强，贫困地区社会经济发展全面进步和提升。

作为世界上最大的发展中国家，中国积极消除自身贫困以推动国际减贫。新中国成立 70 年来，中国人民积极探索、顽强奋斗，走出了一条中国特色的减贫道路。特别是党的十八大以来，脱贫攻坚战力度之大、规模之广、影响之深，前所未有，创造了人类扶贫史上的最好成绩，谱写了人类反贫困史上的辉煌篇章。2015 年，中国基本实现联合国千年发展目标，成为全球最早实现千年发展目标中减贫目标的发展中国家，对全球减贫的贡献率超过 70%，起到了“火车头”的作用。我国针对贫困问题的复杂性和差异性提出因地制宜、因人施策的精准扶贫策略，有效破解了世界减贫工作中遇到的贫困瞄准困境，充实和丰富了世界减贫理论。中国的精准扶贫实践在因地制宜、精准施策的过程中，形成了大量生动的成功案例，为世界减贫提供了生动的实践模式。与此同时，通过开展南南合作、“一带一路”建设等合作形式和平台建设，中国及时将扶贫经验分享给全世界，让世界人民有更多的经验和思路去摆脱贫困。

扶贫成就展现大国担当

（2019 年 12 月 6 日《中国社会科学报》 张琦　薛亚硕）

党的十九大报告提出，确保到 2020 年我国现行标准下农村贫困人口实现脱贫，贫困县全部摘帽，解决区域性整体贫困。这不仅能够实现且必将高质量实现。这是我国发展史上首次消除绝对贫困的伟大创举，也是世界发展史上的奇迹，还是中国从站起来、富起来到强起来的历史性时刻，更是从一个基本温饱解决不了的国家发展到基本消除绝对贫困，迈进全面建成小康社会的新阶段，并在 2050 年建成富强民主文明和谐美丽的社会主义现代化强国的奋进史。

贫困地区可持续发展能力增强

资料显示，至 2018 年年底，我国贫困发生率已经降到了 1.7%，贫困人口已经从 2012 年的 9899 万下降到 1660 万。预计到 2019 年年底，我国将会有 95% 的贫困人口全部脱贫，90% 的贫困县全部摘帽。预计到 2020 年，剩余的深度贫困地区和深度贫困人口也将按时实现全部脱贫。脱贫规模和区域目标任务将高质量完成。

资料显示，2018 年，我国贫困地区农村居民人均可支配收入达到 10371 元，扣除价格因素后年均实际增长 10%，高于同期全国农村平均增速 2.3 个百分点；占全国农村居民人均可支配收入的比例也从 2012 年的 62.2% 增至 2018 年的 71%，预计 2020 年将超过 75%。人均消费支出年均实际增长 9.3%，也高于全国平均增速。

基础设施和公共服务不断改善，贫困地区可持续发展能力增强。我国的脱贫不仅是提升收入能力和水平，更重要的是改善和提升基础设施和公共服务条件，即千方百计地减低和消除致贫因素。同时，努力消除城乡二元隔离的制度性障碍，使贫困人口同样享受改革带来的成果，这才是实现高质量高水平脱贫的根本。据统计，截至2018年年末，贫困地区通电的自然村接近全覆盖，通电话、通有线电视信号、通宽带成为自然村“标配”，村内主干道路面经过硬化处理的自然村比重超八成，通客运班车的自然村比重达50%。公共服务方面，贫困地区接近90%的农户所在自然村拥有幼儿园、小学，93.2%的自然村有卫生站，78.9%的自然村垃圾能集中处理，有文化活动室的行政村比重达90.7%，拥有合法行医证医生或卫生员的行政村比重达92.4%，均比2012年大幅度提高。农村基础设施建设的提档升级和逐渐均等化的公共服务，为加快推进农业农村现代化建设，破解城乡二元结构、实现贫困地区可持续发展创造了可能。

推进贫困治理体系和治理能力现代化

推进国家治理体系与国家治理能力现代化，成为新时期中国共产党治国理政的重要课题。打赢脱贫攻坚战，实际上就是国家治理体系和治理能力现代化在贫困治理上的成功实践和体现，主要体现在精准扶贫的责任体系、政策体系、投入体系、社会动员体系、监督体系和考核评估体系的形成，及其成功实践。

责任体系主要体现在强化中央统筹、省负总责、市县抓落实工作机制。中西部22个省党政主要负责同志向中央签署脱贫攻坚责任书，省市县乡村五级书记一起抓。贫困县党委和政府承担脱贫攻坚主体责任，与此同时，强化了东部省份和中央各单位脱贫攻坚责任。

政策体系是贫困治理体系取得成功的关键。中央各部门和各地区相继出台和完善“1+N”的脱贫攻坚政策举措，着力构建适应精准扶贫需要、强力支撑的政策体系。

投入体系成为打赢脱贫攻坚战的资金强力保障。我国自2013年以来，财政专项扶贫资金的规模逐年增加，2019年达到1200亿元，比2018年增加200亿元，比2017年增加400亿元，加上地方财政资金以及最近几年我国的银行金融支持资金、资本市场的支持资金、小额信贷资金和企业、社会组织和个人等资金，是历史上用于扶贫脱贫资金保障最多的时期。

社会动员体系是扶贫脱贫的重要力量。作为最具特色和最能体现我国制度优势和政治优势的东西部协作、定点扶贫、企业和社会组织以及个人，都成为扶贫脱贫的重要力量。

建立脱贫攻坚监督体系是贫困治理体系和治理能力现代化的重要保障。制定脱贫攻坚督查巡查工作办法，对各地各部门落实中央决策部署开展督查巡查、民主监督，加强纪检监察、检察、审计、财政等部门和媒体等监督力量的合作，改进督查巡查办法，确保监督工作质量。

脱贫攻坚考核评估体系成为增强脱贫攻坚战认可度和信任度的重要保障。我国从 2016 年开始，不断完善的年度成效考核、资金考核、交叉考核等第三方考核，在考核评估减贫成效、精准识别、精准帮扶、扶贫资金使用管理等方面，已经形成科学、完整、成熟的指标体系。

中国特色扶贫理论与实践不断发展

我国精准扶贫战略的顺利推进，不仅促进了中国特色社会主义理论与实践的创新，还有力地推动了世界减贫进程，为构建人类命运共同体提供了中国智慧、中国方案和中国经验。

中国特色社会主义减贫理论与实践得到创新和发展。党的十八大以来，在习近平新时代中国特色社会主义思想指引下，我国脱贫攻坚取得历史性成就。习近平总书记关于扶贫工作的重要论述及其实践成就，充分彰显了中国道路的科学性，充分证明了中国特色社会主义制度的优越性，充分彰显了中国共产党的执政能力和执政水平。

按照世界银行每人每天 1.9 美元的国际贫困标准，中国对全球减贫的贡献率超过 70%，是世界上减贫人口最多的国家，也是世界上率先完成联合国千年发展目标中减贫目标的国家。同时，中国还积极帮助其他发展中国家减贫。截至 2015 年 10 月，中国已累计向 166 个国家和国际组织提供近 4000 亿元人民币援助，派遣 60 多万援助人员，并先后为 120 多个发展中国家落实联合国千年发展目标提供帮助。“一带一路”建设将使国际减贫合作成果惠及更多国家和人民。

中国以本国国情为基础，勇于实践、敢于创新，走出了一条具有中国特色的反贫困道路。中国历史性的减贫成就不仅印证了自身选择的正确性，而且给那些既希望摆脱贫困，又希望保持自身独立性的发展中国家提供了一种全新的选择。

解决相对贫困应有长效机制

（2019 年 12 月 13 日《中国劳动保障报》 张琦）

消除贫困、改善民生，打赢脱贫攻坚战是党和政府对人民的庄严承诺。党的十九届四中全会通过了《中共中央关于坚持和完善中国特色社会主义制度推进国家治理体系和治理能力现代化若干重大问题的决定》，其中提到“坚决打赢脱贫攻坚战，巩固脱贫攻坚成果，建立解决相对贫困的长效机制”。当前，我国脱贫攻坚取得了哪些成果？应如何建立解决相对贫困的长效机制？中国扶贫研究院张琦教授在接受《中国劳动保障报》采访时，回答了上述问题。

记者：当前，我国脱贫攻坚取得了哪些成就？

张琦：现阶段我国脱贫攻坚战的成效显著。当前，我国农村贫困人口从 2012 年年末的 9899 万减少至 2018 年年底的 1660 万，累计减少 8000 多万，连续 6 年超额完成千万减贫任务；贫困发生率从 2012 年年末的 10.2% 下降至 2018 年年底的 1.7%，累计下降 8.5 个百分点；2012–2018 年，贫困地区农村居民人口人均可支配收入占全国农村居民人均可支配收入的比例，从 2012 年的 62.2% 上升到 2018 年的 71%。

在民生方面，居民的居住条件、卫生厕所数量、饮水无困难的居民数量以及户均拥有电冰箱、电视机、汽车、计算机、彩色电视机的数量，有了明显提高；贫困户受教育程度明显提高，医疗卫生条件得到明显改善。截至 2018 年年底，全国 832 个贫困县中已有 436 个贫困县宣布脱贫摘帽；建档立卡贫困村从 12.8 万个减少到 2.6 万个左右。总体来看，有一半的贫困县、80% 的贫困村和 85% 的贫困人口已经脱贫。

同时，脱贫攻坚战不断深入人心。各级各类干部深入贫困地区帮助贫困群众，干群关系更加融洽，党的群众基础和执政基础更加坚实；社会各界互帮互助，改善了社会风气，促进了社会和谐，巩固了社会稳定。贫困人口对扶贫政策认可度高、对扶贫成效满意度高、对党和政府满含感恩之心。全社会合力扶贫的局面初步形成，政治优势和制度优势充分彰显。

我国的脱贫攻坚战还为全球减贫治理提供借鉴经验。精准扶贫将成为解决中国贫困地区与发达地区的平衡发展、充分发展的新遵循，指导着我国理论工作者和实践工作者去积极探索和创新。与此同时，精准扶贫还将成为中国推动实现 2030 年可持续发展目标议程和面临引领构建人类命运共同体的新任务和新期待。精准扶贫不仅是中国扶贫理论体系成果和智慧结晶，更是世界扶贫新成果与智慧的新体现。

解决相对贫困是一场“持久战”

记者：党的十九届四中全会通过的《中共中央关于坚持和完善中国特色社会主义制度、推进国家治理体系和治理能力现代化若干重大问题的决定》提出，坚决打赢脱贫攻坚战，巩固脱贫攻坚成果，建立解决相对贫困的长效机制。对此，您怎么看？

张琦：第一，如何理解相对贫困。当前，我国脱贫攻坚战的成效显著，可以称之为人类减贫史上的一个奇迹。按照当前的脱贫攻坚战略，到 2020 年，全部消除绝对贫困的任务基本可以完成，这意味着在现行标准下，全国的农村贫困人口将全部脱贫，贫困县全部摘帽，并解决区域性整体贫困。然而，消除了绝对贫困，并不是说贫困就消失了。中国农村收入差距依然存在，相对贫困是长期存在的。因此，我国在消除绝对贫困之后，下一步我们必将转入构建解决相对贫困长效机制中去，这也是长期的目标。

第二，如何理解长效机制。在解决相对贫困的阶段，首先就是要确定相对贫困的对象。其次，在消除相对贫困的过程中，要确定和构建解决相对贫困的长效机制。在这一长效机制中，应明确哪些应由政府主导，哪些应由贫困户发挥作用，如何发挥市场机制和社会化力量来参与减贫。这些都需要从整体上进行顶层设计，稳步推进，科学规划。在构建长效机制时，应与国家当前的乡村振兴战略相结合，同国家“三步走”战略结合，同国家的宏观政策、整体战略结合发展。

建立长效机制需要提升内生动力

记者： 从当前脱贫情况出发，您认为在建立解决相对贫困的长效机制时，存在哪些亟待解决的问题？

张琦： 依照对相对贫困和长效机制的理解，我认为存在的问题有以下几点：

第一，要充分巩固现有的脱贫攻坚成果，这是前提和基础。只有巩固了现有成果，才能为新时期相对贫困标准确定奠定基础。

首先，这是新时代中国精准扶贫精准脱贫理论和政策的需要。打赢脱贫攻坚战，创造了我国减贫史上最好成绩，是人类减贫史上的伟大创举，更是习近平关于扶贫工作重要论述和理论体系指导中国脱贫攻坚取得的伟大胜利和具体实践，是习近平新时代中国特色社会主义思想的重要组成部分，创新发展了中国特色的扶贫开发道路，为新时代打赢脱贫攻坚战提供了行动指南。理论指导更需要实践应用和巩固。

其次，这是党对全国人民的脱贫目标任务的承诺更加牢固的需要。消除绝对贫困，全面建成小康社会，是对全国人民的庄严承诺，需要通过巩固脱贫成果让全面小康社会的基础更加夯实，让脱贫的成果经得起历史的检验。这也是考虑到当前不同区域之间、群体之间的脱贫程度存在显著差异和不平衡性的实际需要。深度贫困地区脱贫较晚，致贫、返贫风险仍然很高。我国需要一个巩固期，通过持续的政策支持和投入，确保不返贫和不再出现新的贫困。同时，需要通过巩固脱贫成果增强脱贫的可持续能力，强化可持续脱贫的各项支撑条件。

第二，科学确定相对贫困的标准，这是构建解决相对贫困长效机制的基础。为此需要借鉴国际经验，结合中国实际综合考虑，如教育医疗卫生、居住条件等多维因素。与此同时，关键还是要考虑到我国社会经济发展现状和财政实力来最终确定相对贫困标准。

第三，建立长效机制需要提升内生动力。贫困户内生动力的激发比外在帮扶更加有效，要更加注重个人素质、职业技能的提升，调动贫困户的积极性。激发扶贫机制的内生动力同样重要，要发挥市场作用，推进完善扶贫脱贫的服务机制，注重绿色扶贫，力求长远。

记者： 您认为在贫困程度极深的“三区三州”地区应如何建立长效

机制？

张琦：“三区三州”深贫地区由于其自然条件、地理位置的特殊性，是脱贫攻坚战的“硬骨头”。“三区三州”脱贫程度如何，很大程度上决定了我国的脱贫攻坚质量水平和我国全面建成小康社会的水平。消除绝对贫困后，建立相对贫困长效机制难点区域是这些深度贫困地区。由于脱贫攻坚的地区差异性较大，完成脱贫质量不一，对于深贫地区的贫困户而言，据有关的专家调研，很多脱贫户，其收入结构中的“财政性收入”偏高，而工资性及经营性收入相对比例很低，因此，一旦在2020年后有关的帮扶政策逐渐被取消，这部分脱贫户就极易出现返贫现象。根扎得越深，脱贫成果越牢固。必须因地制宜，加大投入，三到五年内“脱贫不脱政策”，不断巩固和提升脱贫成果，保持地区扶贫机制稳定性和灵活性，确定就业、社保、产业、绿色扶贫等政策可顺利过渡到新的阶段。

凝心聚力打好脱贫攻坚战

（2019年12月25日《中国经济时报》 张琦 万君 史志乐 孔梅 沈扬扬）

现行标准下的绝对贫困问题解决之后，并不意味着贫困的彻底消除，贫困问题还会以相对形式存在，要着手建立解决“相对贫困”长效机制，进一步抓重点、补短板、强弱项，坚持问题导向和需求导向，准确把握贫困群众最关心、最直接、最现实的利益问题，多谋民生之利、多解民生之忧，增进民生福祉，朝着共同富裕方向稳步前进。

打好、打赢脱贫攻坚战对2020年全面建成小康社会目标的实现极为重要。2019年12月12日闭幕的召开的中央经济工作会议在肯定精准脱贫取得显著成效的同时，也对下一阶段脱贫攻坚的任务和目标提出更高的要求，提出“要确保脱贫攻坚任务如期全面完成，集中兵力打好深度贫困歼灭战，政策、资金重点向‘三区三州’等深度贫困地区倾斜，落实产业扶贫、易地搬迁扶贫等措施，严把贫困人口退出关，巩固脱贫成果。要建立机制，及时做好返贫人口和新发生贫困人口的监测和帮扶工作”。

打好深度贫困歼灭战是确保脱贫攻坚任务如期全面完成的重要保障

虽然深度贫困地区脱贫攻坚已取得重大的决定性进展和成效，如“三区三州”贫困人口由2018年的172万减少到2019年底的43万，贫困发生率由8.2%下降到2%，贫困发生率下降幅度比西部地区平均高出3.6个百分点。但从建档立卡数据可以看出，到2019年年底，剩余贫困人口还有一半以上在深度贫困地区，未摘帽贫困县也基本都集中在深度贫困地区，贫困发生率高，贫困人口多的县也集中在深度贫困地区。因此，深度贫困仍然是2020年完成脱贫攻坚目标任务的重中之重、难中之难、坚中之坚。此次中央经济工作会议明确强调，要“集中兵力打好深度贫困歼灭战”，这场歼灭战面临时间紧、任务重的挑战，必须要明确对象、集中发力、各个击破，确保脱贫攻坚任务如期全面完成。

为此就必须做到：明确攻克深度贫困的主体、对象、任务和步骤，集中向深度贫困地区发力。现有贫困人口大多集中在深度贫困地区，这些地区基础设施和社会事业发展滞后，生态环境脆弱，自然灾害频发，人均可支配收入低，集体经济薄弱。针对深度贫困地区需要解决的问题，从区域层面上看，要进一步解决基础设施和公共服务的问题；从贫困人群的角度来看，重点要解决“两不愁三保障”一些突出问题，防止盲区和死角。2019年12月12日闭幕的中央经济工作会议明确指出，政策、资金重点向“三区三州”等深度贫困地区倾斜，这也就要求2020年的脱贫攻坚要继续保持定力和合力，力度不减、方向不变，充分发挥驻村帮扶、定点帮扶、企业帮扶、社会帮扶、东西部扶贫协作等扶贫方式的积极作用，整合和激励具有优势的帮扶主体精锐出兵，将脱贫攻坚资金、项目、举措主要用于“三区三州”等深度贫困地区，出非常之策、用非常之力，逐一破解深度贫困难题，保证深度贫困地区和贫困群众同全国人民一道进入全面小康社会。

巩固扶贫脱贫成果，提高脱贫质量

从减贫的规律来看，脱贫是一个动态的过程，低收入农户脱贫后，由于主客观原因可能又重新返贫，甚至落入“贫困陷阱”的恶性循环。动态贫困问题是人类社会中普遍存在的现象，其根本原因在于农村家庭的贫困脆弱性较高，抵御风险的能力较差。脱贫攻坚期内的成就是在超常规政策支持和投入的基础上取得的，脱贫人口的贫困脆弱性依然较高，自主脱贫意识和能力尚不够强，如果立即停止所有扶贫政策的支持和投入，脱贫人口就会存在返贫风险。此外，随着脱贫攻坚工作的深入推进，前面脱贫的都是难度较小的，剩余未脱贫的农户致贫原因更复杂、脱贫成本更高、难度更大，返贫形势也将愈加严峻。让脱贫成果经得起历史的检验，脱贫成果就需要巩固拓展和提升，通过巩固和拓展脱贫攻坚成果，切实提高农村人口的抗风险能力，降低他们的贫困脆弱性，实现增收和发展的常态化和长效化。

为此就需要：第一，着力巩固扶贫成果，高质量完成脱贫攻坚任务。要确保2020年我国现行标准下农村贫困人口实现全部脱贫，必须把提高脱贫质量放在首位。一方面，要全面着力解决“两不愁三保障”突出问题。从全国扶贫工作会议获悉，2019年全国共排查出520多万人未解决“两不愁三保障”问题，目前已解决500万人，仍有部分特殊贫困人口基本生活未得到保障。因此，2020年要全面排查整改影响脱贫的突出问题，保住基本民生，兜住底线。另一方面，就是严把贫困人口退出关。严格执行现行扶贫标准，既不能降低标准、影响质量，也不能随意调高标准、盲目攀比，避免陷入“福利陷阱”，产生“悬崖效应”，也要防止留下后遗症。与此同时，国务院扶贫办已经部署了2020年将继续开展督查巡查，加强问题解决，对贫困人口超过10万的西部省份开展常态化督导，对所有脱贫摘帽县开展脱贫攻坚普查等，力求能巩固扶贫脱贫成果提高脱贫质量和水平，保障脱贫攻坚成果经得起历史检验、国际认可和人民满意。

第二，统筹各类帮扶措施，推动贫困地区持续稳定发展。得益于近几年实施的精准扶贫方略，贫困人口通过发展生产、易地搬迁、生态补偿、发展教育、社保兜底等综合措施实现了精准脱贫。按照此次中央经济工作会议的要求，明年还需落实相关的扶贫措施，保证2020年顺利打好脱贫攻坚战。一是要大力引导和支持贫困地区产业发展，创新产业扶贫方式，重点扶持带动能力强、益贫效果好、发展潜力大的地方扶贫产业，激活贫困地区生产要素、人才要素，推动产业与就业融合发展，稳步提高贫困人口的收入水平。截至目前，易地扶贫搬迁建设任务已基本完成，接下来要加大力度解决易地扶贫搬迁后续帮扶工作，建立完善后续帮扶台账，把重点放在精准支持搬迁贫困户发展特色产业、促进转移就业上，采取多元化帮扶措施，促进贫困群众稳定脱贫。二是要积极构建绿色减贫机制，将贫困地区的生态资源转换为脱贫致富的优势资源，守得住绿水青山同时也能赚得进金山银山。三是要加快构建“脱贫攻坚”与“乡村振兴”有效衔接机制，按照“产业兴旺、生态宜居、乡风文明、治理有效、生活富裕”的要求，研究和制定标本兼治的稳定脱贫机制，确保贫困地区脱贫的可持续性。

建立精准的防止返贫的预警监测和帮扶机制

根据目前的返贫监测预警数据显示，主要有两类“高危人群”即返贫风险较高人群，一是已经脱贫摘帽的9300多万建档立卡贫困人口中，有近200万人存在摇摆倾向，可能因灾、因病、因产业、因市场出现返贫问题；二是在国家贫困线附近的边缘人口，有近300万人存在致贫风险。另外，从我们调研数据后的返贫概率分析结论看，在脱贫户中，人均收入3500–5000元的家庭是返贫风险最大和返贫概率最高的群体。从我们参加的三个退出县的数据看，2168户脱贫户中收入在3500–5000元的有601户（占28%）。但问题的关键是，这部分群体收入结构中，转移性收入所占比较高而工资性收入比例较低。数据显示，转移性收入超过50%的有239户，占40%，工资性收入占比小于30%的有372户，占62%。假如2020年后，转移性收入减少，这部分农户的返贫风险是最大的。对此，中央经济工作会议以及随后的中央农村工作会议、全国扶贫工作会议都作出了部署和谋划，提出要巩固脱贫攻坚成果防止返贫，及时做好返贫人口和新发生贫困人口帮扶。在确保贫困人口高质量脱贫的同时，应建立精准的防止返贫的预警监测和帮扶机制，针对扶贫工作中存在的风险点要进行有效预防。

现行标准下的绝对贫困问题解决之后，并不意味着贫困的彻底消除，贫困问题还会以相对形式存在，要着手建立解决“相对贫困”长效机制，进一步抓重点、补短板、强弱项，坚持问题导向和需求导向，准确把握贫困群众最关心、最直接、最现实的利益问题，多谋民生之利、多解民生之忧，增进民生福祉，努力在幼有所育、学有所教、劳有所得、病有所医、老有所养、住有所居、弱有所扶等方面不断取得新进展，朝着共同富裕方向稳步前进，取得人民认可、经得起历史检验的脱贫成绩。

在一定程度上说，建立精准的防止返贫的预警监测和帮扶机制是脱贫成果能否得到良好巩固的关键，可以肯定地说，能否建立有效地防止返贫的监测预警和帮扶机制以及建立防止返贫的监测预警和帮扶机制的有效程度和水平，决定着未来建立相对贫困长效机制推进的速度和水平；建立防止返贫的监测预警和帮扶机制的时效，决定着建立解决相对贫困长效机制的时效。防止返贫的监测预警和帮扶机制越是完善，脱贫攻坚成果越是巩固，建立解决相对贫困长效机制的难度就会减小，建立解决相对贫困长效机制与乡村振兴融合的难度也会变小，融合的时序推进就会顺利，融合才会有基础性保障，与乡村振兴战略的有效融合才会充分。

新型冠状病毒肺炎对当前脱贫攻坚的影响及应对建议

（2020 年 2 月 19 日《中国经济网》 张琦　薛亚硕）

新年伊始，新型冠状病毒肺炎席卷全国，对我国各行各业的发展形成巨大冲击，目前“抗疫”形势仍旧刻不容缓。同时，2020 年是全面建成小康社会目标实现之年，是全面打赢脱贫攻坚战收官之年。分析新型冠状病毒肺炎对我国脱贫攻坚事业的影响，并采取应对措施，已经成为脱贫攻坚工作的当务之急。

疫情对我国脱贫攻坚影响的主要路径

新型冠状病毒肺炎的暴发无疑加剧了打赢脱贫攻坚战的难度，从贫困户增收、贫困地区企业发展、贫困地区政府施策三个方面对实现全面脱贫形成挑战。

首先，贫困户持续增收预期下降，部分群体和地区“两不愁三保障”基础脆弱化，返贫风险增大。新型冠状病毒肺炎疫情暴发后，各地区采取封村封路、阻断交通线、企业延迟复工等强力措施减少病毒传播。这些措施有效降低了疫情发生的同时，也对贫困户增收与改善生活质量造成了冲击。根据以往实地调研数据，70% 的贫困户增收主要部分为务工、上班等工资性收入与种植、养殖、经商等经营性收入。若疫情难以在短时间内得到缓解，用人单位对劳动力的需求量必然呈下降趋势，贫困户工资性收入将很难得到保障。阻断交通还导致农牧产品无法及时外运、畜牧饲料得不到补充，市场运行受到干扰，贫困户经营性收入受到伤害。与此相对，部分贫困地区时令瓜果蔬菜供给不足，生活日用品价格上浮，贫困户家庭生活质量存在部分下降。国家统计局公布的数据显示，2020 年 1 月份全国 CPI 同比上涨 5.4%，包括贫困户在内的全国消费者的生活均受到不同程度的影响。在持续增收得不到保障，生活成本压力不断增大的情况下，部分脱贫户将面临着返贫风险。

其次，贫困地区中小企业、合作社等经营实体持续发展冲击较大。中小企业与合作社在带动贫困村落产业发展，为贫困户增收方面发挥着重要作用。但受疫情影响，中小企业与农民合作社的经营正受到来自供给侧和需求侧的双重压力。在供给端，全社会范围内的“延迟复工”“物流受阻”“物料供应不畅”不断抬高企业与养殖类合作社的经营成本。在需求端，封村封路、阻断交通导致产品运输受阻，涉农企业与合作社许多时间属性较强的商品，诸如蔬菜、蛋奶制品无法及时外运，有效需求不足。此外，相对于发达地区，贫困地区的中小企业融资更加困难，在疫情并未出现实质性好转的困境下，中小企业与合作社账面资金不足、资金链脆弱更有可能成为“压死骆驼的最后一根稻草”。

第三，贫困地区原有脱贫计划受干扰，实现高质量目标的压力增大。2020 年的中央一号文件提出，重点针对全面建成小康社会目标，聚焦补齐农村基础设施建设和公共服务短板。但疫情暴发后，部分由政府主导的完善基础设施的扶贫项目不得不延迟开工，政府原有的扶贫工作计划也因疫情的持续而发生改变。此外，突然暴发的疫情对贫困地区政府来说更是一场“临时考试”，对政府在疫情期间如何减少贫困户返贫、保障带贫企业不倒闭，对疫情结束后如何快速恢复生产、保障贫困户持续增收提出更高的能力要求，进一步加重了地方政府的脱贫攻坚压力。

应对新型冠状病毒肺炎疫情的思考及建议

疫情终将散去，明天也会到来。地方政府应当坚持“一手抓防疫，一手抓扶贫”，在最大程度上减少新型冠状病毒肺炎对脱贫攻坚的负面影响，确保如期实现全面脱贫。

首先，建立紧急预防机制，最大程度保障贫困群众利益少受损失。第一，打通原有交通线，避免人员大量流动的同时，禁止违规阻截日用品、饲料、生产材料等物资的运进与产品的运出。第二，加强农产品线上销售力度，利用网络减轻农牧产品滞销难题。如海南省通过建立滞销扶贫农产品信息发布制度，利用线上销售渠道定期在专栏发布相关滞销农产品信息，搭建产销对接平台。第三，针对受物价上涨、生活必需品不足影响较大的贫困户，适当给予米面油粮等物资补助，保证日常生活的正常运转。

其次，避免过度恐慌，帮助企业与合作社等经营实体渡过难关。第一，地方政府应及时制定企业复工标准，在“安全为先”的大前提下，根据疫情的严重程度分地区、分时间逐步复工，恢复生产。避免出现无理由擅自升级管控措施，采取“一刀切”，致使企业无限期延迟复工。第二，对中小企业与合作社等资金链较为薄弱、资金流不足的企业，予以财政扶持、金融扶持，坚定企业发展信心，帮助企业度过危机。

第三，利用广播、电视等信息传播平台，加大对贫困户的技能培养力度。加强贫困户脱贫能力建设是一个永不过时的举措。在延迟复工期间，贫困户有大量闲余时间可用于提升自身劳动技能、增强现代农业技术储备，提升自身的致富能力。地方政府可以利用广播、电视节目等方式（有条件的地区可以利用网络技术）加强农户的技能培训，为疫情结束后农户持续增收创造条件。

疫情的暴发可能会在一定程度上导致脱贫攻坚的步伐有所放缓，但应当看到脱贫攻坚走向胜利的基本面不会变。在突如其来的疫情的冲击下，外出务工和产业发展必然受到一定影响。但同时也要看到，贫困地区逐步完善的基础设施、贫困劳动力逐渐掌握的增收技能、贫困户逐步增强的脱贫信心、地区愈发丰富的增收体系不会改变。在党中央的领导下，我们必定会打赢这场脱贫攻坚战。

新型冠状肺炎对当前脱贫攻坚的影响简要分析

（2020 年 2 月 21 日《经济日报》 冯丹萌　张琦）

2019 年 12 月暴发的新型冠状病毒肺炎无疑是对国家治理体系和治理能力一次重大考验，也是对 2020 年实现全面脱贫目标的一次严峻考验，科学研判疫情对扶贫脱贫的影响，对贫困地区打赢疫情防控阻击战和脱贫攻坚战有着重要参考意义。

从全局来看，此次疫情对我国全面完成脱贫攻坚目标任务有部分影响，但还不至于达到任务不能完成的程度，可能会在一定程度上影响到部分贫困地区脱贫质量和水平。从影响区域和对象来看，按照目前贫困人口分布结构，全国剩余的 500 万贫困人口大多分布在山区偏远的深度贫困地区，这次疫情对其产生的直接影响相对还不是很大，按照既定的挂牌督战的新部署全面完成深度脱贫目标任务是有把握的。但对于疫情较重的湖北及周边省份的贫困地区脱贫县村和贫困户来说，疫情对脱贫人口及脱贫地区的影响还不小，尤其是劳动人口流动限制与交通物流滞后等直接造成农村农产品滞销和外出劳动收入预期下降等现象，对于很多刚刚脱贫进入发展起步阶段的脱贫县来说无疑是一次新考验。在此次疫情的冲击下，如何进一步巩固脱贫成果，防止返贫面临多方面、多节点、多区域的大考验。

首先，脱贫质量的巩固和提升面临多方面考验。疫情突发的冲击使得很多刚脱贫地区的正常工作受到巨大的影响。从经济支撑来说，一是由于物流和市场活跃度的制约，农产品销售渠道受限。对于农产品来说，疫情的来临造成的运输端不通畅、销售端需求不足等问题导致生产端频频出现阻碍，尤其对于蔬菜、水果和鸡、鸭等鲜活农产品影响较大，进而直接导致农民收入下降。受到同样影响的脱贫地区由于自身发展基础弱，后劲不足，在这样的冲击下承受能力有限，很容易造成“摘帽”又“带帽”的潜在风险。二是疫情造成劳动力转移就业弱化，贫困户经济收入来源渠道受到了限制。疫情的不确定性将会导致和造成大多数务工人员迟迟不能返回工作岗位，这对于农村贫困家庭的损失是很大的。据统计，截至 2018 年年底，全国在外务工农民工数量在 1.92 亿人左右，农村常住人口数量为 57661 万，占比 33.30%，因此对于贫困地区而言，劳动力外出受到制约将大大影响其经济收入。从医疗条件来看，疫情带来的大幅度、高强度的治疗需求对贫困地区及脱贫地区无疑是另一场大考验。目前来看，疫情引起的高标准、高效率、大规模的医疗管理和应对能力是农村地区乃至很多城市难以达到的，这也对脱贫地区的医疗条件提出挑战，如何能在突发事件中有效整合医疗资源、扎实落实防疫措施都是进一步需要加强的内容，要严格控制突发事件下因病返贫现象的出现。

其次，脱贫工作部署面临多节点新困扰和新隐患。疫情对经济影响近期才开始逐渐显现出来，而且会持续一段时间。这给全面完成脱贫任务后带来一系列问题和不确定性。一是从短期来看，疫情会对整体经济形势造成明显的制约，直接影响到贫困地区或脱贫地区的资金支撑基础，如很多金融支持产品、产业支撑产品以及返乡创业支撑等都会受到宏观经济的影响，在脱贫攻坚与乡村振兴相衔接的关键节点造成断档。二是从目前数据来看，疫情主要对湖北、河南、湖南和广东、浙江等地影响较大，这些受疫情影响严重区域尤其是广东浙江等劳务输入较大区域，目前面临的最大问题是因为防控疫情企业复工复产时间的不确定性导致一些企业会采取裁员手段，这对于邻近区域外出务工贫困人口会造成较大程度的影响，未来一段时间会大大减少整个贫困人口外出务工的渠道和机会。

三是从脱贫后的长期发展来看，跨入转向建立解决相对贫困长效机制的重要衔接面临一定考验。随着消除绝对贫困后，新时期的重点是解决相对贫困问题，这些属于相对贫困的低收入家庭在经济、社会、政策面前的承受能力还很脆弱，因此更容易受到外来影响。因此疫情所带来的就业、社会保障等影响会对低收入家庭产生影响要远远高于其他的人群，从而会进一步加剧不同群体间的收入差距，进而使得相对贫困问题进一步加深。

最后，防患于未然，我们建议加强和建立农村公共健康卫生体系刻不容缓。在此次疫情中，也反映出农村尤其是贫困地区潜在的一些问题需要尽快解决。从乡村治理能力来看，农村基层治理及公共卫生管理体系一直以来都是发展中的短板。虽然在这次疫情中依靠国家强有力的“统防统控，精准施策”，未带来农村疫情大面积的产生和扩散。但是从另一个角度来看，若按照村一级现有的管理条件和水平，若疫情有所扩散，造成的影响将会大于城市，因此在此次疫情下也给农村的基层治理及公共卫生管理方面敲响了警钟。

疫情防控下，线上教育要切实发挥积极作用

（2020 年 2 月 27 日《社会科学报》 张琦　史志乐）

为阻断新型冠状病毒肺炎疫情向校园蔓延，确保师生的生命安全和身体健康，2020 年 1 月 27 日，教育部下发通知，要求 2020 年春季学期延期开学。“停课不停学”成为各地教育行政部门和大中小学的主要防控措施。诸多线下教育转战“线上”，并借助信息技术优势弥补线下教育在特殊时期无法满足的人民对教育需求的不足，也为“停课不停学”、维护正常的教学秩序提供了帮助。

线上教育应尊重教育的基本规律

在疫情防控形势下，线上教育是弥补线下教育无法正常开展的一项重要选择。随着信息技术的飞速发展，互联网、大数据、云平台、人工智能与教育不断融合，教育信息化程度不断加深，推动我国线上教育的市场规模不断壮大。线上教育与线下教育有机结合在教育领域已经得到了诸多应用，但是长期以来，线上教育并没有成为一种普遍需求。此次疫情暴发成为一剂“催化剂”，教育需求不得不向“线上”转移，一时之间将线上教育推到教师、家长和学生眼前。

教育部的通知指出，“学生在家不外出、不聚会、不举办和参加集中性活动”，利用网络平台“停课不停学”，并出台了指导和规范疫情防控期间，以信息化支持教育教学工作的通知和方案，保证线上教育在疫情防控期间科学合理有序地发挥作用。线上教育相较于线下教育有其自身的特点

和优势，比如，时间空间的自由性、播放的可重复性、资源的多样性等，尤其在当前互联网基础设施渐趋成熟和人工智能不断完善的背景下，学生不出家门就可以接受鲜活及时的教育。

线上教育要尊重教育的基本规律，切实发挥其积极作用。“线上教育”的本质还是教育，切勿因为从“线下”搬到“线上”，就盲目地为了追求短期经济利益而忽略教书育人的长远利益。这场疫情对于教育领域的每一个人来说，都是一场严峻的考验，相关教育行政部门、教育培训机构、学校、老师，甚至是学生在这场考验之中都会得到锻炼。

教育行政部门要积极引导线上教育的开展，做好线上教育的价值定位和目标选择，从技术支持、内容筛选、组织管理、考核评价等环节牢牢把关；教育培训机构和学校要认真贯彻和落实疫情防控期间线上教育的政策和措施，制定和设计包含知识传授、生命教育、健康教育、道德教育等在内的教学大纲，及时做好教师培训和学生管理；教师要磨练内功，努力适应社会变化发展形势，不断学习新的知识和技能，站稳线下和线上两个讲台，做疫情防控下的“新主播”；学生要在教师和家长的帮助下制订学习计划，充分利用线上教育平台和资源，在疫情防控形势下实现德智体美劳全面发展。

确保贫困地区防控期“停课不停学”

第一，加强组织保障，提升贫困地区教育系统应对突发疫情的能力。虽然在脱贫攻坚期内，贫困地区教育条件有所改善，但是不少贫困县在基础设施、网络通信、技术技能、组织保障方面相较于发达地区仍处于劣势。面对新冠肺炎这一突发疫情，有必要加强贫困地区教育协调能力、突发应急能力、网络技术能力，全面提升贫困地区教育系统在应对突发疫情时的综合应对能力。在此次疫情防控期间，各地教育行政部门要统筹基教、教研、电教等部门的力量，加大对贫困地区教育教学的支持力度，协助贫困地区做好线上教育和线下教育的安排部署，确保“停课不停学”及时有序落实。

第二，注重因地制宜，研究制定疫情防控期差异化的教育教学方案。我国贫困地区分布广、差异大，但都在此次疫情中受到了不同程度的影响，尤其是湖北省境内的贫困县疫情较为严重。贫困地区的教育部门和学校要充分认识当地疫情发展情况，结合本地本校信息化基础条件、教师信息素养，以及教育资源进行全面分析，综合在线直播课堂、网络点播教学、学生资助学习、电视视频学习等多种教学模式，针对不同学段、不同学科的特点，制定差异化实施办法和措施，分区域、分学校、分学段灵活开展教育教学活动。教育部特别指出，针对部分农村地区和边远贫困地区无网络或网速慢等情况，将安排中国教育电视台通过电视频道播出有关课程和资源，解决贫困地区学生在家学习问题。

第三，推进家校合作，确保疫情防控期学生的合理学习。疫情防控期间“停课不停学”导致教育的发生场域有了重大变化，最典型的特征就是从学校转移到了家庭，这为家校合作提供了良好的实践场域。在贫困地区，很多学生的父母常年在外打工，只有春节才能与孩子相聚，而此次疫情防控期正值春节假期，为家庭教育提供了一个重要的机会。学校可以利用微信群、QQ 群等有序指导家长向子女讲解疫情防控知识，讲解党和政府的果断决策和采取的有力措施，树立信心，安心居家学习生活，养成健康卫生的生活习惯和方式；同时，利用家校合作平台指导家长帮助孩子合理制订延迟开学期间的学习计划，合理安排线上学习，实现与线下教育的有序衔接和顺利过渡。

脱贫攻坚与乡村振兴对接：国际经验与中国路径

（2020 年 3 月 7 日《研究报告》 张琦　沈扬扬）

一、引言

在乡村发展和农村减贫问题的应对上，我国正经历着与典型发达国家类似的发展路径，均经历了工业化发展、城镇化进程加速的前期进程。城镇化发展带来了国家的经济进步和资本资源的快速积累，同时也导致城乡分割，农村发展滞后等问题，伴随而来的问题还有农村居民发展权益受损，逐渐陷于贫困。为应对不均衡发展的问题，多数发达国家均结合自身情况，开展不同形式或程度的农村振兴，取得了一定成绩。这些经验和做法，值得我国借鉴[1]。一则在于助力我国发挥“后发优势”。如果能够利用发达国家成型、成熟的先进思路和方案提供智力支持，更能做好扶贫长效机制和乡村发展的有效对接，实现扶贫济困与乡村振兴“两手都要抓，两手都要硬”的坚定民生发展目标。二则在于有利于我国实现“弯道超车”。从历史时间来审视上述问题，发达国家乡村振兴实行较早，发展过程中也不断滋生新型社会问题，从这个意义上说，合理分析和规避发达国家农村发展遭遇的新型贫困，有助于我国转换发展思路，以往鉴来。基于此，本文既强调发达国家经验的引导性价值，同时也强调中国路径的特殊性，试图从正反两个方面协调发达国家之于我国的经验与教训的最终借鉴价值。

二、关于减贫与乡村发展战略融合发展的逻辑关联探讨

如今，我国正处在脱贫攻坚和乡村振兴战略实施的关键交汇期，在

“两个一百年”奋斗目标的战略指引下，脱贫攻坚与乡村振兴两大战略在历史交汇。对于这两大战略，理论界和政策界初步得到的判断结果是，打赢脱贫攻坚战是乡村振兴的前提和基础，实施乡村振兴战略是脱贫攻坚的巩固和提升（张琦和孔梅，2019）；同时，脱贫攻坚具有紧迫性、突击性、局部性和特殊性等特点，乡村振兴则具有渐进性、持久性、整体性、综合性等特点（高强，2019）。故此，需要兼顾两项战略的理论起点和目标，以求同存异的思路对二者进行统筹规划。其中，若单独看减贫战略发展，一个普遍共识是2020年之后中国的贫困现象并不会消失，而是以一种新的形态长期存在（李实，2018[2]；李小云和许汉泽，2018；魏后凯，2018），并且在2020年后中国反贫困的主战场依然是农村，要聚焦在五个方面：未来经济社会发展条件、新贫困标准的制定、城乡统筹贫困治理体系的建立、社会保障体系的建设、财政金融改革（陈志刚等，2019）。若单独看乡村振兴，韩俊（2018）提到，实施乡村振兴战略，不仅要提升农业发展质量，推动农业全面升级，而且要促进农村全面进步，实现农民全面发展，旨在从根本上解决“三农”问题。此外，很多学者指出除农村经济建设以外，促进农村政治建设、文化建设、社会建设、生态文明建设都是统筹推进乡村振兴的必备条件。

除了针对发展时期谈战略，从理论上理清城乡间发展关系，更加有助于理解乡村振兴和脱贫攻坚机制构建所带来的长远意义。笔者认为，两大战略的重要共性在于，其根本目标是通过为农村居民创造更好的发展路径，缩小城乡居民间的发展差距，实现共同富裕的奋斗目标。由此，两大战略的终极目标可以归纳为发展命题和对发展收敛路径的探索。实际上，上述命题在二战后期得到了广泛讨论。比如，在Rosenstein-Rodan（1943）的发展议题基础上，一系列经济发展的结构主义方法出现，并试图找寻发展中国家的科学发展路径，为国家发展战略提供参照。其中具有典型代表性的是由刘易斯（Lewis，1954）提出的二元经济模型。该模型后经费和拉尼斯（Fei and Ranis，1961）以及其他学者不断完善，核心是论证工业化、城镇化发展战略对一国早期阶段经济发展的重要价值。此外，新经济地理学派克鲁格曼（Krugman，1991）提出了核心－边缘理论，该理论立足于市场接近效应、生活成本效应和市场拥挤效应三大效应，为讨论城乡发展关系提供了城乡关联平衡形态促成的发展路径的可能性。归纳起来，上述理论构想侧重城镇优先发展，完成了“先富带动后富”发展中的前两个字。然而，伴随学者对典型发展中国家发展路径的观察，城乡二元经济增长并未发挥城镇区域先富带动后富的“涓滴效应”，国家横截面实证结果显示，经济增长并不一定会带来福利水平提高（Sen，1982；Bourguignon et al.，2003；Ahluwalia，2011）。加之巴西、墨西哥等陷入了中等收入陷阱国家的经验也表明，城市化和二元转换的过程未必改善人民贫困状况，反而滋生了贫民窟问题。故此，另一派学者倡导政府引导，强调政府对农业部门的重视。回归中国国情，站在巨人的肩膀上，中国学者多数强调政府因势利导的重要作用（林毅夫，2011；王学峰，2011），强调了国家科学发展战略的重要性。

整体上，本文将上述时代背景、战略逻辑和理论研究作为前提，重点借鉴发达国家在乡村发展和农村减贫方面的经验，为我国发展战略的顺利实施献计献策。

三、关于减贫与乡村发展战略起点的探讨：来自发达国家经验

在国际借鉴中，认清我国所处发展阶段，以及发达国家在践行乡村振兴的阶段点上所具备的基础条件中的同与不同，二者缺一不可。因为只有在同一个发展层面上谈问题，才具备可比基础。本部分重点讨论我国实践乡村振兴与扶贫长效机制相衔接战略的发展阶段合宜性问题。

（一）理论探讨

尽管发展经济学中结构性理论和模型中对欠发达国家和发展中国家的发展路径提供有益指引，但正如前文所述，面对结构分化路径下如何收敛的问题，并没有充分讨论。即便有探讨，不是脱离了发展经济学的理论框架，就是仅仅基于经验数据讨论了共性问题，较少对具有特殊国情的案例和发展模式进行深入探讨，故对较高发展路径下的发展模式指导价值有限。

但上述研究领域并未一片空白。一些来自我国经济学者的有价值的理论探讨，为本文提供了思路。其中，胡景北（2008）构建模型讨论了经济发展成功或者结束即经济发展过程的终点应具备的特征问题，论证在二元模型下，当工资、现代部门劳动边际生产率与农业劳动边际生产率三条曲线合而为一，经济会进入以索罗（Solow，1956）模型为代表的新古典增长时期或区间。这篇文章更重要的价值在于基于索罗模型得到农业发展模式

改变的重要意义。其提出：农业高于现代部门的速度翻一倍，经济发展所需要的时间缩短一半，即农业部门生产率相对于现代部门增长更快，对于在一定时间内完成经济发展阶段是极其重要的。而这对应到乡村振兴战略，则进一步强调了产业结构调整、产业升级、技术升级和人才、资本引入的重要意义。在此方面，林毅夫（2011）提出，经济发展是人均收入水平持续增加的过程，这个过程不仅要求现有产业必须持续引入新的更好的技术，而且还要求现有产业必须不断从劳动力（或自然资源）密集型产业向新的、资本密集型的产业升级，否则人均收入水平就将像 Solow 新古典增长模型所预测的那样陷入停滞。而一旦进入到索罗增长模型的阶段，城乡发展趋同的内在需求将是农村要素禀赋和产业结构升级，使经济达成 X- 效率性（林毅夫，2011）。这其中涉及两个问题：一方面是重要的技术、资本以及人才升级；另一方面是基础设施的有效升级。为实现上述过程，考虑到经济增长会使得现在的制度安排变得过时，因为经济增长在不断地改变对制度服务的需求，而制度服务在本质上却是公共品，其供给涉及集体行动，常因搭便车问题无法成功进行（Lin，1989）。为应对上述问题，政府有必要在经济发展过程中起到积极作用，以促进硬性和软性基础设置的及时改进，从而满足产业升级新的需要（林毅夫，2011）。

（二）发达国家乡村发展的开启动因分析

本部分将分别列举几个典型发达国家的乡村发展，着重介绍其乡村发展的社会经济基础，发展动机，并基于此尝试提炼出对政策行动、动因判断之于发展战略提出的重要基础性作用。一个基本判断是，乡村发展和减贫的制度构建需求，一定程度上源于原有制度触发了不利于增长的结果，而必须通过制度调整和机制设计，通过资源的重新配置和重组，恢复经济的增长动力。

1. 双元结构的形成。这条逻辑链条遵循如下路径：资本资源（以及其他资源）在城镇集中，促使城市的优先发展，这种发展的特点，一方面，资本创造更高的价值，形成对劳动力的更高需求；另一方面，形成了资本驱动的城市和传统农业两个部门，且城镇部门工资率高于农业部门，从而形成大量农村劳动力涌向城市的劳动力流动格局。

2. 由双元结构导致两极分化矛盾。双元结构发展模式在一定时期内（中短期），城镇的高速发展，带动国家整体性发展，居民福利整体性提高。但在中长期的发展路径中，往往导致部门的两极分化格局。

3. 农村停滞发展严重到阻碍整体经济发展。这条路径下的经验结果往往先是从中长期来看，农村逐渐衰败，表现为农业产业人才流失、耕地抛荒，农村老龄化、空心化现象日益严重等内外在矛盾，农村日趋衰落给农村社会治理带来了严峻的挑战。由此，最终促成了国家调整发展战略，致力于投入更多资源发展乡村减少贫困的根本动因。

以日本为例，二战后，日本经济遭到重创，社会一片混乱。日本将主要资源集中于大都市的重建，大量的农村劳动力涌向城市，从而顺利实现了自 1955 年至 1973 年长达 18 年的经济高速增长期。1968 年，日本超过了当时的“西德”，成为 GNP（国民生产总值）世界第二的经济强国，完成了追赶欧美的任务。然而，城市迅速发展的另一面，是农村的日趋衰落。数据显示，1955 年到 1971 年间，工业和其他非农业就业人口增加了 1830 多万，总数达到 4340 多万，占就业总人数的比重从 61% 提高到 85%，而同时期农业劳动力则从 1600 万人减少到 760 万人。至此，农村人口过少的现象使得日本农村面临瓦解的危机。而上述发展矛盾也成了日本乡村发展六次产业等核心内容的最根本驱动力。

1945 年韩国光复后，经济、科技发展水平日益提高，为 20 世纪 60–70 年代的经济高速发展奠定了坚实基础，创造了“汉江奇迹”。但在工业化和城市化加速发展的同时，工农业、城乡和区域之间的发展严重失衡，贫富差距拉大，社会矛盾加剧。大批农村年轻人纷纷涌入大城市，冲击着农村原有的传统文化、伦理和秩序。上述矛盾构成了 20 世纪 70 年代韩国“新村运动”的动因。当然，比较来看，尽管都是亚洲国家，但日韩在决定发展乡村经济的动机上略有不同。日本构建了以产业发展为主线的政策调整思路，而韩国则更加注重精神和文化层面，由此提出了“开发精神、改善环境和增加收入三位一体”的运动。

再以欧洲国家为例，多数欧洲国家经历了工业革命，城市化发展，人口流动和农村衰败。并且多数国家经验表明，上述城乡差距无法通过市场“涓滴机制”自发收敛，政府干预几乎成为典型欧洲国家成功应对乡村衰败问题的必经之路。例如，英国作为老牌发达工业国，是较早经历了乡村衰败和贫困的国家之一，由此也衍生出英国关于乡村发展增强计划，确保营造乡村人口稳定脱贫、经济发展可持续的乡村生产体系；第二次世界大战后，法国开始了城镇化进程，大量乡村居民涌向城市，导致法国农村空心化、人口老龄化、城乡人口失衡的问题越来越严峻，阻碍了法国农业的健康发展，由此也促成法国政府开始实施“领土整治”；德国路径较为相似，1991–2013 年间，原东德地区人口减少 200 多万，超过东德地区总人口的 10%，其乡村地区流失人口更高达 20% 以上，且呈现高度老龄化、空心化，城乡失业率和极右翼政党的支持率远远高于西德地区。为应对城镇优先发展所导致的农村欠发展问题，1936 年德国政府通过实施《帝国土地改革法》，由此开始对乡村的农地建设、生产用地以及荒废地进行合理规划。

四、国际经验对我国两大战略融合的启示

通过梳理典型发达国家的乡村发展实施路径和主要做法，并与我国发展基础及其潜在路径类比，由此提炼如下几项值得注重的经验：

第一，德国在二战后期所提倡的“等值化”发展理念，倡导农村与城市生活不同类但等值的理念，使在农村生活和做农民成为一种自然选择，可以作为扶贫和乡村振兴衔接的核心发展原则。“等值化”理念指在保持村庄地方特色和独特优势的基础上，通过土地整理、村庄更新等方式，提升农业生产效率和农村生活水平，使农村与城市生活不同类但等值。这实际上提供了制度均等化的发展基础。即均衡城镇、农村的各项发展内容，包括扶贫和社会保障、基础设施建设、政策法规等层面的内容，从而为农村发展与城镇化进程互相融合奠定基础思路。一旦打破区域差别，在为国民提供无差异的区域良性发展模式的基础上，使国民拥有更加灵活和自由的流动意愿。

第二，日本在 20 世纪 70 年代末开展的“造町（造村）运动”“一村一品”和六次产业发展模式，其实施背景符合我国拥有小农历史传统的国情，为塑造可持续发展产业和乡村本土就业扶贫路径，走质量兴农“产业兴旺”之路提供经验。并且，日本的很多产业发展理念已经在我国得到本土化践行，如“接二连三”和“一村一品”。此外，我国科技特派员制度是“六次产业理论”[3] 的最重要实践来源。由此可见，日本所探索的以产业发展路径带动减贫、增收的模式，有利于形成“一方水土养一方人”的本土发展优势，以及长效脱贫和致富路径。

第三，韩国于 20 世纪 70 年代初开展了一场由总统发起、政府自上而

下开展的“新村运动”，其“提振精神”目标和理念为中国激发贫困群众内生发展动力，走“治理有效”“乡风文明”之路提供经验。从概念界定上看，新村运动是一场由总统发起的，政府主导的，通过改造农民的生活伦理来改善农民生活环境，提高生活水平的群众活动。从实施路径上看，最初完全由政府主导，但是进入到执行深度阶段，政府开始意识到真正的主角并不是政府，而是村民，于是慢慢开始发展社区，村民可以民主选举村长等基层领导、决定社区发展等事务。即新村运动在政策制定层面上是自上而下的，但在执行层面遵循自下而上的路径。甚至在后期，伴随新型城镇化发展，接受过新村运动洗礼的农村人，当其转移到城镇后，将上述管理理念在城镇中贯彻实践，从而成为一种广泛的社会互助运动。上述运动模式的宗旨和我国现阶段所倡导的“内生发展动力”，以智和志扶贫谋发展具有异曲同工之妙，值得借鉴。

第四，英国、法国、意大利、瑞士等欧洲国家所实施的“土地整治”与乡村发展深度融合，构成乡村发展的另一大重要基础与前提。以德国为例，早期《帝国土地改革法》对乡村土地进行合理规划，推动农地整治，有利于农业生产的规模化，极大提高了土地利用效率，为乡村发展打下坚实基础。第二次世界大战后，土地整治的重点变为农村公共基础设施完善，提高了乡村地区的生活水平和生活质量。20 世纪 70 年代以后，在土地整治中重视农业生态环境保护，则改善了乡村环境，吸引更多的年轻人在此长期生活下去，将会持续促进乡村发展。由此可见，土地整治实现了与乡村发展的深度融合，是发达国家实现乡村振兴的重要基础平台。结合我国土地流转和土地“三变”的实施探索，欧洲国家的上述发展路径值得借鉴。

最后，发达国家经验显示，乡村振兴、扶贫机制构建并不是与城镇化相冲突的概念，相反的，三者相辅相成，互相促进。在我国，脱贫攻坚与乡村振兴在内容上有高度的统一性，都主要集中在经济、环境、文化、治理以及整体生活水平几个方面。在此基础上，从发展目标和实施标准为依据，构建两者的衔接机制。而贫困地区的乡村振兴有其特殊性，即脱贫攻坚与乡村振兴在内容和范围上有很多重合点，在项目的实施上也具有一定的延续性。因此，脱贫攻坚与乡村振兴的融合可以为贫困地区理清思路，制定属于当地切实可行的乡村振兴短期规划。同时，脱贫攻坚与乡村振兴的有效融合也可以为贫困地区节省不必要的财力和人力，为后期贫困地区振兴发展提供基础和动力。此外，本文强调，单纯的乡村振兴并不能完全替代扶贫。研究结合发达国家经验，发达国家的乡村和减贫发展路径表明，乡村发展并不必然带来贫困的消除。这就提示出在乡村振兴发展过程中，要注重长效机制的构建，并且要重视扶贫长效机制构建应具备的完整性、周期性和全面性问题。

五、发达国家所面临的新兴挑战及其对我国的借鉴意义

（一）乡村内部和乡村间的贫富分化、发展分化

现阶段，部分发达国家的乡村发展开始面临内部贫富分化和区域分化的问题。究其原因，根据“中心地”模式的传统纵向发展构架，在当代全球城镇化发展的巨大作用下，一些国家的乡村发展已经再次逐渐显现出活力不足的弊病，表现为：按人口和等级安排的“均等化”投资，难免大量投入到发展意愿不高、资源潜力不足的所谓“重点地区”。但由于上述区域并没有形成预期的经济增长和就业岗位，从而导致巨大的投资浪费。而那些自身具有较强发展意愿、且具有潜在资源和发展条件的乡村地区，却往往因为人口基数和行政等级低而丧失了投资和发展的机会。上述问题在德国、意大利等国家均有所发现。

（二）后现代农业发展中的新型贫困问题

现阶段，一些国家经历了从传统到现代的转型，由此发展出现代农业。一方面，现代农业的发展提高了农业生产率；另一方面，现代农业的发展减少了农业领域所需要的劳力，促成了乡村剩余劳动力的转移。乡村社区的衰落，其内在原因来自发达国家以市场化为主要导向的公共政策，与政府接受新自由主义意识形态对自由市场、个人主义、放松管制、私有化和削减福利的倡导。由此促成的结果是，农业市场化程度和农业生产效率都有大幅提升，但也使农业越来越受到全国乃至全球农产品市场的支配，更易受到资本力量的支配；市场力量在推动大量乡村人口非农化就业的同时，也导致在劳动力资源配置过程中低技能劳动力滞留乡村的问题。此外，市场化与城市化进程还导致城市价值观对传统乡村生产、生活以及文化价值观的全面侵蚀，加速了乡村社区的衰落。同时，现代农业发展也造成了多数农民无法适应迅速变化的农业技术与市场，特别是由于缺乏必要的资源与资本，单个农民在应对农业市场化的过程中处于明显的弱势地位。

（三）城镇中的“工作贫困”问题

工作贫困，是指一类“有工作未必能脱贫，就业质量低会使人们随时有落入贫困的风险”的新型贫困问题。现阶段主要出现在城镇地区，并且主要被欧盟国家所关注。上述问题源于，虽然诸多发达国家在经济建设、乡村更新方面取得巨大成就，但并不能由此就彻底摆脱贫困的威胁。前文所述的城镇中底层居民的“工作贫困”现象说明，贫困减少与乡村振兴并不存在必然的等价关系。根据“欧盟收入与生活条件统计”，2014 年 18–64 岁劳动力中，工作贫困率最高的国家为罗马尼亚，为 19.5%，最低为捷克的 3.6%。欧盟 15 国平均为 9.2%、新成员 12 国平均为 10.9%，其中，本文所讨论的案例国家中，包括德国、英国、法国等国家均有较高的工作贫困发生率。由此，以德国为例，其政府正在尝试启动新一轮的城市人群扶贫计划。原因有三个方面：一是工资低，为获得与就业关联的福利，许多人在低工资岗位上就业，收入过低造成贫困；二是收入不稳定，不稳定就业者缺乏收入保障，面临较高的工作贫困风险；三是就业不充分，家庭次级劳动力就业率低、就业不充分，拉低家庭平均收入，造成工作贫困。

六、政策建议

第一，以产业振兴为内核，以农业、农村、农民扶贫富裕能力建设发展为主旨。从国际经验上看，发达国家的乡村发展和扶贫均强调了产业振兴的重要价值。在应对乡村衰落难题的过程中，应抓住乡村产业这个“牛鼻子”，在制度和农村发展形式上加以创新，吸引城市和工业生产要素向乡村合理有序流动，促进乡村特色产业融合发展，构建现代农业产业体系，提升农产品附加值，推进农业农村领域改革与对外开放，增加农产品的国际竞争力和农村发展活力，同时重视政府对本国产业的保护。在发展思路上，可大力培植多产业融合的乡村特色产业，合理规划产业升级，为农户和农业发展创造长效可持续的脱贫和发展路径。

第二，政府引导的发展模式，对整体性乡村高效发展和迅速改变农村贫困落后局面具有决定性作用。发达国家尽管多数奉行市场经济，但政府引导在多个国家，以不同形式、在不同层面得到应用。由此展示出乡村振兴和扶贫开展的路径中，政府引导模式在弥补市场失灵方面的优势，以及弥补落后地区发展理念和能力不足的问题。上述政策实施路径引导的发展模式，值得中国在乡村振兴和扶贫工作中加以借鉴。基于此，本文建议要重视法律体系完善的重要性，加强乡村振兴、扶贫常规化工作的立法与“双向”机制建设。例如，结合发达国家的区域规划经验，农村区域规划可考虑遵循土地集中使用和管理原则，政府重视居民的参与性，由政府引导公民和社会团体参与公共物品的供给过程，弥补贫困落后区域发展理念和能力不足的问题。此外，除了从政府引导机制上看，除了“自上而下”机制设计和引导支持，政府的引导功能还可以体现在公民参与、乡村治理，以及调动农民积极性方面。此外，要注意提升农民合作组织的组织化程度，认识到小农户是实施乡村振兴和推进农业现代化的基础。

第三，重视教育和农户技能培训。经验和理论研究均显示，教育有助于阻隔贫困的传递，同时也是提升收入和能力的重要途径。几乎所有国家均将教育和技能提升作为构建长效脱贫机制过程中的重要环节，以及发展乡村的重要起点。故此本文建议，在乡村振兴和长效扶贫机制构建中的作用，具体包括培养职业农民、重视教育均等化发展，达到激发农民自身素质，形成自发性的内生发展机制的目标。在发展路径上，可以参照如德国、瑞士、法国的经验，在提供全面教育补助的前提下，重视分类培养、“准入证”和“资格证”培训机制，确保农户学习到适合自己、应用性强、且高质量的教育内容，并在培训后的工作参与中具有较高的培训后就业率。

第四，基础公共服务设施建设均等化项目的重要性。贫困和衰败不仅表现为软实力，同时表现在基础设施建设方面。结合前文论述，基础设施建设在实现索罗增长和趋同中具有关键性作用。故本文提出，在两大战略融合过程中，要借鉴发达国家经验，改变由市场分化和利益驱动所引起城乡、区域分化困境，就必须由政府财政承担一部分先期建设，并辅以构建均等化制度条件。以此对我国政府的建议是，将基础设施建设作为一项必备投入，为农村地区农户提供良好社区发展基础。

第五，结合中国国情，在把握好两大战略关系的基础上，要坚持三个原则，确保实现有效衔接。尽管国际经验具有重要参考价值，但量体裁衣，因地制宜才能设计出最为合适的发展战略。在我国特殊的发展时期下，脱贫攻坚是乡村振兴的前提和基础，乡村振兴是脱贫攻坚的深化和延伸。在二者关系处理上需要注重的三个原则包括：一是要始终坚持精准扶贫思想。脱贫攻坚的成效证明了精准扶贫思想的科学性，衔接过程中，要将“精准”

原则贯穿脱贫攻坚和乡村振兴的始终；二是坚持分阶段有序化推进。2020年之前，以脱贫攻坚夯实乡村振兴之基，将产业兴旺、生态宜居、乡风文明、治理有效、生活富裕的乡村振兴战略总要求融入具体的脱贫攻坚行动。2020年以后，以乡村振兴引领扶贫工作，为巩固提升脱贫成果提供新要求、新动力和新保障；三是坚持分地区逐步推进。针对地区、乡村发展基础和阶段的差异性，因地制宜、分类推进，逐步实现衔接。

城镇的快速发展也为提高国家整体实力奠定了强有力的基础。现如今，我国已经具备从“允许一部分人先富起来”向“共同富裕”过渡的经济和社会发展基础。在关键时期的决策和战略发展目标，将决定国家和民众的发展路径。本文认为，乡村振兴是一条利国利民的发展道路。而发达国家所经历的路径，成功经验和教训，将以前人之路为我国提供一定程度上具有价值的思路。

本报告系中国国际扶贫中心委托项目“从国际经验看乡村振兴与脱贫攻坚的融合”课题成果之一，王天衡根据课题承担单位提供的研究报告编辑而成。报告仅代表作者本人观点。

［1］本文强调以发达国家为经验借鉴主体，而没有重点选取欠发达或发展中国家，源于经验显示，振兴乡村的重要支撑是国家雄厚的发展实力、发展决心和强有力政策和资源支持。这些是绝大多数发展中国家和欠发达国家所不具备的。理由在于绝大多数发展中国家和欠发达国家要么财力不允许大规模向乡村倾斜，要么城乡差异尚未到矛盾凸显的阶段，要么政治体制难以为乡村发展提供可持续的有力支撑。

［2］https：//www.sohu.com/a/239474577_561670。

［3］这一概念由日本农协综合研究所所长今村奈良臣于1994年提出，其提出农业不仅是农畜产品生产，还包括与农业相关联的第二产业（农畜产品加工和食品制造）和第三产业（流通、销售、信息服务和农业旅游），即六次产业：第一产业X第二产业X第三产业。只有各产业间的合作、联合与整合，才能获得农业与农村经济发展效益的倍增。

参考文献

［1］高强，脱贫攻坚与乡村振兴有机衔接的逻辑关系及政策安排，南京农业大学学报（社会科学版），2019 年 05 期。

［2］李小云、许汉泽，2020 年后扶贫工作的若干思考，国家行政学院学报，2018 年 01 期。

［3］张琦、孔梅，不同地区脱贫攻坚冲刺阶段的工作重点，光明日报，2019 年 10 月 22 日 16 版。

［4］魏后凯，2020 年后中国减贫的新战略，中州学刊，2018 年 09 期。

［5］陈志刚、毕洁颖、吴国宝，等，中国扶贫现状与演进以及 2020 年后的扶贫远景和战略重点，中国农村经济，2019 年 01 期。

［6］王学峰．发达国家城镇化形式的演变及其对中国的启示．地域研究与开发，2011 年第 4 期。

［7］Ranis，G.，& Fei，John C. H.（1961）. A theory of economic development.The American Economic Review，51（4），533–558.

［8］林毅夫．新结构经济学——重构发展经济学的框架．经济学（季刊），2011 年第 10 期。

［9］Lin，J.，An Economic Theory of Institutional Change：Induced and Imposed Change，Cato Journal，1989，9（1），1–32.

［10］Rosenstein–Rodan，P.，How to Industrialize an Underdeveloped Area，in Isard，W.（ed.），Regional Economic Planning. Paris：Organization for European Economic Cooperation，European Productivity Agency，1961，205–211.

［11］胡景北．对经济发展过程的若干逻辑观察．上海金融学院学报，2008 年第 2 期。

以更大决心、更强力度推进脱贫攻坚

（2020 年 3 月 9 日《光明日报》 张琦）

“黄沙百战穿金甲，不破楼兰终不还。”突如其来的新冠病毒肺炎疫情，使脱贫攻坚工作受到一定程度的影响，但脱贫攻坚不能等，全面小康目标不能松。2020 年 3 月 6 日，习近平总书记在决战决胜脱贫攻坚座谈会上强调：“以更大决心、更强力度推进脱贫攻坚，坚决克服新冠肺炎疫情影响，坚决夺取脱贫攻坚战全面胜利。”同时，他明确提出统筹推进疫情防控和脱贫攻坚工作的重点任务和重大举措，为我们在做好疫情防控基础上实现 2020 年现行标准下的农村贫困人口全部脱贫目标任务提供了根本遵循，坚定了必胜决心。

首先，要充分认识如期打赢脱贫攻坚战的重大意义。2020 年如期完成脱贫攻坚任务对于中华民族乃至世界都有着极为重要的意义。打好防疫战是当务之急。那能否将脱贫攻坚缓一缓？答案是否定的，不能因为短期的疫情放缓脱贫攻坚的脚步。一方面，如期打赢脱贫攻坚战事关“两个一百年”奋斗目标的顺利实现。习近平总书记强调，“到 2020 年现行标准下的农村贫困人口全部脱贫，是党中央向全国人民作出的郑重承诺，必须如期实现”。脱贫攻坚是全面建成小康社会、实现乡村振兴并最终实现共同富裕等奋斗目标的基础性和前提性保障。在做好疫情防控的基础上，坚决有力地完成脱贫攻坚任务，才能实现第一个百年奋斗目标，顺利开启第二个百年奋斗目标，真正凸显出中国特色社会主义制度的优越性。另一方面，如期打赢脱贫攻坚战深刻影响着全球减贫进程。当前，疫情在全球呈现蔓延趋势，给全球贫困治理带来巨大挑战。作为负责任的大国，中国一直是坚持减贫和共享发展、构建人类命运共同体的主要推动者和倡导者。中国如期完成脱贫攻坚目标，不仅能够为全球统筹防疫与减贫工作贡献中国智慧和中国方案，还能为其他国家注入强大的信心，为增进各国民生福祉做出新贡献，提供新示范。

其次，要理性认清如期打赢脱贫攻坚战面临的新挑战。2020 年是脱贫攻坚的最后冲刺阶段，加之疫情带来的挑战，形势复杂严峻。党的十八大以来，在党中央的坚强领导和全党全国全社会共同努力下，贫困人口从 2012 年年底的 9899 万减到 2019 年年底的 551 万，贫困发生率由 10.2% 降至 0.6%。我国脱贫攻坚取得决定性成就，脱贫攻坚目标任务接近完成。但应该认识到，我国剩余脱贫攻坚任务依然艰巨。一方面，脱贫攻坚自身面临着风险，已脱贫的地区和人口脱贫不稳定，巩固脱贫成果难度较大，未脱贫的地区和人口又是“最难啃的硬骨头”；另一方面，新冠病毒肺炎疫情给脱贫攻坚带来新的挑战，如外出务工受阻，扶贫产品销售和产业扶贫困难、扶贫项目停工、帮扶工作受到影响等。时间紧迫，任务繁重，必须高度重视脱贫攻坚面临的困难挑战，坚持脱贫攻坚既定目标不动摇，确保如期全面打赢脱贫攻坚战。

最后，要以更加有力的举措确保如期高质量打赢脱贫攻坚战。在准确分析把握疫情和脱贫攻坚形势的基础上，要以更加有力的减贫举措，确保全面建成小康社会圆满收官，顺利实现第一个百年奋斗目标。

一是坚持精准施策，提高脱贫攻坚“免疫力”。如何降低疫情对脱贫攻坚的负面影响，如期完成脱贫攻坚任务，精准是关键。精准扶贫是被历史和实践检验正确的方案，帮助中华民族在摆脱贫困道路上实现了亘古未有的历史性跨越。在疫情防控的特殊时期，需进一步加大精准施策力度，提高脱贫攻坚抵御风险的能力。就区域角度看，应准确分析判断疫情形势，针对不同区域情况完善差异化策略，因地制宜、精准施策；就人群角度看，要仔细梳理贫困户收入状况和当前需求，因人因户，精准帮扶。在精准的基础上，确保所有贫困地区和贫困人口如期实现脱贫。

二是坚持问题导向，进一步补齐脱贫攻坚短板。最后的冲刺阶段，脱贫攻坚工作既要补齐已存在的短板，又要解决疫情中暴露的问题，确保如期全面完成脱贫任务。一方面，脱贫攻坚还存在诸多薄弱环节，存在返贫风险。未来各地要加大工作力度，巩固提升“两不愁三保障”，建立健全防止返贫的长效机制，促进脱贫的稳定性和可持续性；另一方面，这次疫情暴露出贫困地区产业发展亟须升级，医疗卫生条件有待提升，防灾减灾系统尚需完善等问题。脱贫攻坚要化危为机，顺势补齐贫困地区的短板环节，促进产业结构优化升级，强化公共卫生体系建设，提升农村防灾减灾救灾能力建设，建立我国防灾减灾与防贫减贫相结合、灾害治理与贫困治理相结合新机制。

三是坚持多措并举，凝聚脱贫攻坚最强合力。创新工作方式，汇集各方力量，探索新的多样化的扶贫措施，对当前形势下打赢脱贫攻坚战至关重要。要重点强化产业扶贫、就业扶贫、金融扶贫、消费扶贫等举措，保障贫困人口持续增收。加大易地扶贫搬迁后续扶持力度，确保贫困人口稳得住、有就业、能致富。强化广大党员干部的先锋模范作用，加强东西部扶贫协作，进一步调动各方力量，充分发挥大扶贫格局强大合力作用，体现新时代中国特色社会主义的政治优势和制度优势。

四是坚持绿色减贫，增强脱贫攻坚生态底色。绿色减贫作为协调经济发展和环境保护的重要理念，是贫困治理和可持续发展的必然选择。这次疫情再一次提醒人们，人类必须处理好与自然的关系，同时也印证了走绿色减贫道路的必然性。未来扶贫工作要继续将绿色减贫内化于心、外化于行。一方面，要以疫情教育为契机，加强对绿色减贫的宣传，提倡绿色消费，让生态文明理念日益深入人心；另一方面，要进一步开发绿色减贫的模式，放大绿色资源的收益率，让绿水青山变成金山银山。

疫情，不能动摇我们高质量打赢脱贫攻坚战的坚定信心，不能阻挡我们全面建成小康社会的铿锵脚步。坚定信心，以昂扬奋进的战斗姿态发起最后的总攻，我们必定会夺取脱贫攻坚战的全面胜利。

第三部分　中国减贫政策与实践论文选载（2019 年—2020 年）

“扶贫基金 + 政府平台 + 中小微企业”：国投创益公司探索的产业扶贫新模式

（2019 年 3 月 13 日《经济要参》 张琦　万君）

贫困地区中小微企业发展面临以下两大难题：第一，融资难、融资贵，没有专门的金融机构服务中小微企业。自 2017 年年底国务院扶贫办叫停小额扶贫贷款“户贷企用”之后，目前还没有直接针对贫困地区中小微企业发展的专门性扶持政策。此外，贫困地区的金融环境还比较僵化，金融机构服务中小微企业的动力较弱。投融资基本局限在“大银行 + 大企业（大项目）”“垒大户“的行为较多。贫困地区的大多数中小微企业资产规模较小，难以满足金融机构的抵押、担保要求。第二，经营管理、财务管理水平低下，良性发展难。这是大多数中小微企业的通病，但在贫困地区更加突出。上述两个难题，导致贫困地区很难出现一些区域性、行业性的龙头企业，严重阻碍贫困地区产业的发展，也更难通过区域经济的发展带动贫困地区发展。

国投创益产业基金管理有限公司（以下简称“国投创益公司”）在宁夏固原探索的“扶贫基金 + 政府平台 + 中小微企业”产业扶贫创新模式——固原模式，很好地解决了以上痛点。国投创益公司是国家开发投资集团有限公司下属全资企业和民生类产业投资基金管理公司，受托管理着贫困地区产业发展基金、中央企业贫困地区产业投资基金两只合计规模为 181.86 亿元的国家级产业扶贫基金。国投创益公司作为专业管理国家民生类基金为主的基金管理人，致力通过市场化运作服务国家脱贫攻坚战略，促进贫困地区产业发展以带动建档立卡贫困人口精准脱贫，增强贫困地区的“造血"功能和内生动力，探索可持续的产业扶贫模式。

一、"扶贫基金＋政府平台＋中小微企业"产业扶贫创新模式

宁夏固原素有"苦瘠甲天下"之称，是六盘山特困连片贫困地区核心区，全市一区四县均为国家级贫困县，是宁夏唯一的全域贫困市和扶贫开发的主战场，属于深度贫困地区。国投创益公司通过实地调研发现，宁夏固原产业基础非常薄弱，当地企业存在规模小、分布散、融资难、融资贵、经营困难等情况。如基金直接进行股权投资，很难找到满足基金要求的企业，且投资风险大。

国投创益公司以政府平台公司为纽带，按照"政府引导、企业参与、市场运作、规范决策、严控风险、项目化实施、贫困户受益"的思路进行债权投资，探索了"扶贫基金＋政府平台＋中小微企业"的产业扶贫模式，即由国投创益公司管理的扶贫基金进行债权投资、政府平台根据当地中小微企业的实际情况进行二次债权投资，并为扶贫基金资金安全提供安全保障的投资模式，有效地解决了贫困地区融资难、融资贵的问题。此外，国投创益公司通过特色增值服务体系规范投资企业经营运作和财务管理，也促进了贫困地区企业的健康发展。

固原模式不仅解决了当地中小微企业正常生产经营活动对于流动资金的迫切需求，显著降低了企业的用资成本，而且有效地控制了投资风险。双方合作第一批项目投资额度为1.98亿元，帮扶企业16家，涉及冷凉蔬菜、中药、蜂蜜、杂粮及淀粉生产和销售等9个产业，投资企业均属于中小微企业。2018年11月30日，债权项目全部退出。

其总体流程如下：由政府平台公司旗下的投融资公司业务部对中小微企业的贷款申请进行受理、审查、调查，形成报告。业务部将报告及相关材料提交投融资公司风控管理部进行审核。具体实施的项目一律由政府平台公司旗下的信用担保公司进行担保，并追加具体反担保措施。审核后的项目需通过投融资公司审贷会的评审。国投创益公司收到该申报表后3个工作日内就资金用途、所属行业和带动建档立卡贫困户数未提书面异议，投融资公司可按照投资流程办理相关手续。流程图如下所示：

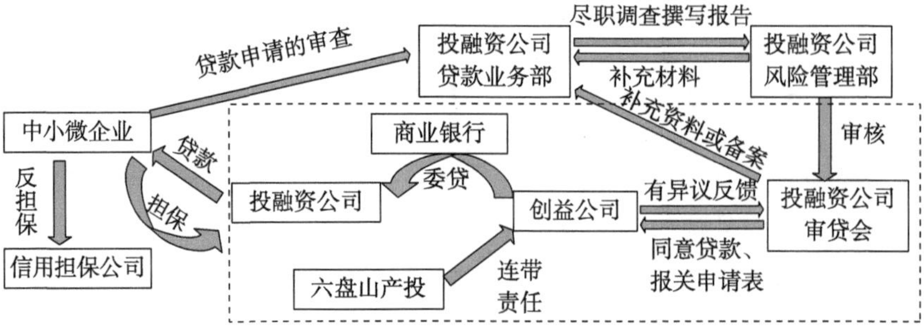

固原模式运作流程图

（创益公司：国投创益产业基金管理有限公司；六盘山产投：宁夏六盘山产业扶贫开发投融资集团有限责任公司、固原市政府平台公司；投融资公司：固原扶贫开发投融资有限公司，六盘山产投全资子公司；信用担保公司：固原市中小企业信用担保有限责任公司，六盘山产投全资子公司）

二、国投创益公司产业扶贫模式的几个特点

第一，解决了中小微企业因流动资金不足导致的产能不足的痛点，促进了贫困地区产业的发展壮大。贫困地区中小微企业所属行业多为种养殖和初级加工业，需要收购大量原材料以满足全部产能，对流动资金需求量大，用款需求有季节性、周期性的特征，近几年，大部分企业逐步进行了技术升级，但由于缺乏足够的流动资金收购原材料，产能没有充分利用，有些企业实际产能只有设计产能的三分之一。国投创益公司在固原投资的16家企业，资金总量的90%以上用于收购原材料，企业产能普遍得以提升。

第二，通过观察员制度直接明确资金的产业扶贫用途，保障资金精准用于产业扶贫。国投创益公司履行观察员制度，即国投创益公司委派一名观察员，观察员有权以现场调研、列席审贷会等方式，对目标公司的用款情况进行监督检查，并就政府平台提供的拟投资企业资金用途、所属行业和带动建档立卡贫困户数进行审查。观察员的主要作用就是确保资金精准用于贫困地区产业发展。对于每个目标公司，都明确了可带动的贫困户户数。固原模式引导和鼓励企业充分发挥龙头企业直接提供就业和间接拉动产业链条的作用，带动更多建档立卡人口脱贫。

第三，提供企业经营增值服务，促进企业经营各项制度建设。国投创益公司对投资企业提供增值服务：为规范企业运作、提高在资本市场的竞争力，与事务所、院校、机构合作，定期聘请律师、会计师、院校教授、金融和管理类专家无偿对企业进行培训；搭建企业间交流的平台，将基金股东方和投资企业拥有的资源整合共享，帮助企业优化产品销售渠道、促进企业间的业务协同；与资本市场进行有机衔接，通过与证监会、证券交易所的合作关系，为证券化项目提供资本运作的培训和服务；牵头组织相关金融机构、为投资企业提供融资服务等。

第四，通过反担保（应收账款、存货抵押）解决了贫困地区中小微企业因抵押物不足导致的融资难问题。金融机构对企业信用评价偏好质量较高、安全性好的有形资产，而贫困地区的中小微企业普遍规模较小，高质量有形资产较少，其与金融机构的增信要求差距较大，这导致融资始终较难进行。国投创益公司与固原市政府探索了针对贫困地区中小微企业实际运行情况的反担保机制，对承诺带动贫困户发展的企业利用牛、羊、牧草、存货等生物资产以及应收账款等进行抵押，既解决了抵押物不足的问题，也扩展了抵押物的种类，解决了贫困地区中小微企业融资难的难题。

第五，县初筛、市审核、基金复核的三级审核模式，能够选择经营情况较好、带贫效果突出的企业，降低投资风险、最大程度提升资金的减贫效果。中小微企业与金融机构之间存在着信息不对称的情况，扶贫基金如何选择投资风险小、扶贫效果好的企业进行支持，也是难题。国投创益公司在固原的债权投资，对企业的筛选采取了县级政府初筛、申报，市级平台审核的企业选择模式。

县级政府最熟悉企业经营情况，对企业进行初筛、申报；市级政府平台熟悉企业的财务状况，对企业进行选择；国投创益公司履行观察员制度进行复审，确保企业带动一定数量的贫困户，国投创益公司有一票否决权，即对资金使用不精准、扶贫效益较差、涉及房地产开发行业等内容的企业，一票否决申请。这种模式，一方面能够降低基金的投资风险，另一方面，也能确保基金投资到带动脱贫效果较好的企业。以 16 家企业为例，多数是当地的龙头企业，经营状况、信用状况也有一定的保证。更重要的是，它们都是当地带动大量建档立卡户的涉农企业，充分体现了基金的扶贫效应。

三、"扶贫基金+政府平台+中小微企业"模式扶贫成效突出

通过债权投入，16家企业经营状况得到进一步改善、扶贫效果初步显现，总体来看：贫困户增收效果明显，企业覆盖的贫困户户均有一万元以上的收入增加；企业融资成本下降一半，经营风险大幅降低；贫困地区企业经营水平有所提升。

1. 利益联结机制多样、带动贫困户增收效果明显

国投创益公司的投资领域涉及很广，形成了多产业、广覆盖的投资模式，固原16家企业涉及9个产业，根据产业的不同，也形成了不同的扶贫模式和利益联结方式。总体来看，有以下几种较为典型的扶贫模式：第一，就业带动。通过直接的就业带动增加贫困户收入，国投创益公司投资的16家企业，2018年全年提供全职岗位1195个，其中建档立卡户186人，建档立卡户工资485.08万元，人均增收2.6万元；提供非全职就业岗位近3000人，其中建档立卡户近389人，2018年全年提供4万个工作日，人均增收1万元。16家企业均有此类形式，例如，宁夏六盘山泾河食品有限公司提供160个全职岗位，其中34人是建档立卡户。此外，依据企业经营情况，临时性、季节性用工也很多，宁夏明德中药饮片有限公司临时性用工最多时雇佣近500个工人，其中超过120人是建档立卡户。第二，土地流转。16家企业流转608户建档立卡户土地面积9891.7亩，流转费用206万元，平均每户增收3388元。第三，订单农业。各个企业普遍开展了订单农业，解决了农业产业的市场风险。例如，宁夏固原福宁广业有限责任公司，共计有30510亩马铃薯订单种植基地，涉及贫困户152户，土地1117亩。公司承诺以0.3元/斤的保底收购价收购20000吨马铃薯，且收购的所有马铃薯按40元/吨进行扶贫补贴。该订单种植基地不但解决了公司生产原料稳定来源问题，而且带动当地农民种植户走上了脱贫致富之路。第四，定点帮扶。16家企业定点帮扶27个贫困村，覆盖2565户建档立卡户，企业多是通过补贴种苗、订单收购、技能培训、慈善公益等形式帮扶贫困村。仅技术培训一项，2018年全年16家企业就培训了4267人（次）贫困户。

2. 企业融资成本下降一半，经营风险大幅下降

固原市金融系统划分为融资高风险区，主要贷款形式为固定资产抵押贷款，固定资产抵押贷款额度为50%-70%，贷款额度偏低、融资成本也

高，影响了企业的融资额度，不能保证企业生产经营需要的资金额度。企业社会融资的成本普遍在 10% 以上，国投创益公司债权投资的资金成本仅有 5.15%（4.35% 年利率和 0.8% 的担保费用），企业融资成本下降一半以上，16 家企业融资成本一年减少 500 万元以上。2018 年 11 月 30 日，国投创益公司在 16 家企业的债权投资全部顺利退出。

3. 覆盖的贫困地区中小微企业经营水平普遍提升

国投创益公司介入、引导企业经营，主要是通过引导企业提升管理经营水平，这体现在各个公司都逐步建立健全现代公司管理制度逐步完善社保和公积金缴纳制度；逐步明确房屋及车辆产权等资产归属；逐步规范财务管理，等等。

4. 促进了贫困地区经济发展，带动了上下游产业提升

16 家企业上缴各类税费 1366 万元，企业经营性基础设施建设投入 19462 万元，为地方经济发展做出了贡献。此外，由于企业的发展，也带动了上下游相关产业的提升，特别是在物流和包装行业。以固原玉明淀粉有限公司为例，公司每年有 1 万吨的淀粉需要运输，以 300 元每吨计可以带动 300 万元的物流运输，公司每年 6.5 万吨的土豆需要装 2167 车，以每车 2000 元计可以带动 433 万元的物流运输，总计带动物流行业经济增长 733 万元。在包装行业，公司 1 万吨的淀粉会产生 80 万元的包装费，带动包装行业的发展。

5. 引入了一些高新环保技术，促进了企业绿色发展

一些企业也通过引入高新技术发展循环经济，促进企业的绿色发展。例如，16 家企业中有 4 家马铃薯淀粉加工业企业（马铃薯产业是固原市的主导产业之一），大多数企业开展了废水还田利用的试点。通过进行技术改造，实现废水、废渣的综合利用，达到节能减排的目标。一是淀粉加工原料洗涤废水达到循环利用，实现节水。二是工艺水通过工艺池提取蛋白质、纤维等有机物，用于畜禽饲养，做到综合利用。三是将淀粉加工产生的工艺水经过蛋白、纤维、微淀粉提取处理后进行农田灌溉，工艺水富含氮、磷、钾及各种有机物，非常适合农田灌溉，有助于改良土壤，增强地力。以上解决马铃薯淀粉生产过程中的废水排放造成的污染问题，实现了薯类加工全进全出零排放、固液分离、脱水干燥、蒸发浓缩，充分提取了马铃薯中的淀粉、蛋白、渣纤维、有机液态肥等有用成分，实现了马铃薯资源

的综合利用，同时实现了生产过程水资源循环利用，节水效果显著，解决了马铃薯淀粉加工所造成的环境污染问题，具有显著的社会效益和良好的经济效益。

中国特色社会主义减贫道路：
——从积贫积弱到全面小康70年成功探索

（2019年10月《宏观经济管理》 张琦 孔梅）

摘要：新中国成立以来，基于自身的体制和制度优势，我国探索出了富有中国特色的扶贫理论体系和扶贫路径，解决了7亿多人所面临的赤贫问题，实现了从温饱不足向全面小康的跨越。70年间，根据不同时期的不同国情和不同贫困状况，中国共产党不断创新扶贫理论，从毛泽东的扶贫思想到中国特色社会主义扶贫理论，再到习近平新时代中国特色社会主义扶贫理论，共同构成了伟大中国的扶贫理论体系。在理论的指导下，中国不同历史性阶段采取了相应的扶贫战略和措施，新中国前30年以制度变革为扶贫奠定了政治基础，改革开放后通过体制改革和区域经济发展基本解决了温饱问题，十八大以来通过实施精准扶贫战略为彻底解决绝对贫困问题提供了根本保证，全面建设小康社会指日可待。本文试图梳理和总结新中国70年来的扶贫理论和实践历史进程，提炼中国特色扶贫的特征和成就经验，以期为未来中国相对贫困的破解和世界扶贫事业贡献智慧。

关键词：理论创新；实践轨迹；精准扶贫；绿色减贫

贫困是人类面临的共同挑战，消除贫困是全世界人民的共同愿望。新中国成立以后，中国在贫困人口数量大、贫困人口受教育程度低、物质基础薄弱、扶贫经验缺乏、农村基础设施差、基本公共服务几乎空白的条件下开始减贫工作。在70年漫长的扶贫开发进程中，中国创造了有效的、极具中国特色的减贫模式，进行了大量系统性的理论和实践创新。70年来，特别是党的十八大以来，国家将扶贫上升到国家战略高度，大力实施精准扶贫，脱贫攻坚取得了举世瞩目的减贫成就。回顾新中国70年的减贫历程，领会中国扶贫思想理论的丰富内涵和精神实质，具有重要的理论和实践意义。

一、新中国70年扶贫的理论创新及重大意义

究竟是什么让中国农村在70年内实现沧桑巨变？答案就是不断在实践中丰富和完善的中国扶贫思想和理论体系。从毛泽东到习近平，中国共产党人在马克思主义贫困理论和共同富裕思想的基础上，逐步形成并不断发展中国扶贫理论体系，为中国扶贫实践提供了指导思想和行动指南。

（一）新中国70年扶贫理论的创新历程

新中国的扶贫理论体系经历了由奠基到发展完善并最终实现飞跃的历程。

新中国成立后，在马克思主义贫困理论的基础上，毛泽东结合新中国的具体实际，在扶贫思想方面实现了第一次马克思主义中国化。毛泽东指出中国共产党是消除贫困的坚定领导力量，全体中国人民尤其农民群众是反贫困的主导力量。他在《关于农业合作化问题》中提出“共同富裕”理念，试图从制度上消除贫富不均的根源，强调平分土地对于调动农民积极性的作用，指出工业化和现代化是实现反贫困目标的前提和基础，合作化是反贫困的基本战略。

改革开放以后，在毛泽东扶贫思想的基础上，三代共产党人形成和完善了中国特色社会主义扶贫理论，是马克思主义贫困理论中国化的第二次飞跃。邓小平深化了共同富裕思想，提出共同富裕是社会主义的本质特征，“贫穷不是社会主义，社会主义要消灭贫穷”。他首次提出了制度性贫困，主张在改革、开放、发展的进程中消除贫困，初步形成了中国特色社会主义扶贫理论体系。江泽民提出贫困地区经济社会发展与整个经济发展战略相结合，“他扶”与“自扶”相结合以及坚持开发式扶贫、坚持科技先行、坚持正确领导、坚持因地制宜、坚持可持续发展的“五个坚持”，完善了中国特色社会主义扶贫理论体系。胡锦涛提出“以人为本”的科学发展观和“建设社会主义新农村”战略以及坚持全方位扶贫开发的理念和政策，进一

步丰富和完善了中国特色社会主义扶贫理论体系。

新时代孕育新思想。在牢牢把握中国的历史新方位和新要求的基础上，习近平新时代中国特色社会主义贫困思想应运而生，为发展马克思主义贫困理论做出了原创性贡献。习近平扶贫思想是系统性和科学性的贫困治理体系，包含精准扶贫、内源扶贫、科学扶贫、精神扶贫、教育扶贫、生态扶贫等思想理念以及构建没有贫困的人类命运共同体的思想理念，赋予了中国扶贫思想新的时代内涵与特征。

（二）新中国 70 年扶贫理论的重大意义

新中国 70 年扶贫思想和理论是中国共产党立足国内扶贫开发实践不断创新和完善的扶贫理论成果，是全党全国人民乃至全人类最宝贵的财富。不同阶段的扶贫思想都以共同富裕为核心，都是对马克思主义贫困理论的创新和完善，赋予马克思主义新的力量。在实践中，中国扶贫理论指导我们解决了中华民族千百年的绝对贫困问题，实现了中华民族从站起来、富起来到强起来的伟大飞跃。放眼全球，中国扶贫理论也丰富和发展了世界减贫理论，进而为推进全球减贫发展进程做出了重要贡献。

二、新中国 70 年扶贫的实践轨迹及阶段性成就

扶贫是贯穿新中国 70 年整个历程的工作，这一历程可以划分为三个大的历史阶段：新中国成立至改革开放前、改革开放以来至十八大前和十八大以来的扶贫工作新时期。

（一）新中国成立至改革开放前：通过制度变革为扶贫奠定了政治和制度基础

新中国成立初期，百废待兴，贫困人口较多，贫困程度较深。这一时期主要通过全面的、综合性的制度变革调整社会生产关系，通过行政手段对社会资源进行再分配。新中国成立后，中国共产党带领人民群众开展了轰轰烈烈的土地改革，赋予广大农民基本的生产资料所有权，为摆脱贫困奠定了基本物质条件。1954 年新中国第一部宪法中提出“国家举办社会保险、社会救济和群众卫生事业，并且逐步扩大这些设施，以保证劳动者享受这种权利”，其后通过的《1956 年—1957 年全国农业发展纲要》《高级农业生产合作社示范章程》《关于人民公社若干问题的决议》等文件，落实了农村五保政策和初级农村合作医疗制度。1958 年后，在人民公社体制的支

撑下，农村的交通、电力、饮水、农田水利以及公共卫生等条件得到极大改善。

总体来看，土地改革、公社化运动等为农村贫困户分到土地等生产资料，消除了“无地”这一造成发展中国家农民贫困的最主要制度因素；以“五保”制度和农村特困人口救济为主的社会基本保障体系以及教育、医疗体系，为极端贫困人口提供了基本的生存保障。遗憾的是，由于经济体制的不合理以及“大跃进”和“文化大革命”等的影响，没有形成大规模减贫的物质条件，未能从根本上改变我国农村的贫困状况。但是，这一时期的扶贫通过建立社会主义制度为消除贫困奠定了最根本的政治前提和制度基础。

（二）改革开放至十八大前：通过体制改革和区域经济发展基本解决了温饱问题

改革开放初中国农村处于普遍贫困状态，1978 年中国农村贫困人口为 2.5 亿人，占农村总人口的 30.7%。这一时期的贫困治理方式实现了从以阶级斗争为纲向以经济建设为中心的转变，由计划经济体制向市场经济体制的转变，由人民公社的集体经营制度向家庭联产承包责任制的转变。具体来说，主要经历了农村制度性变革的减贫效应集中释放阶段（1978 年—1985 年）、全面改革冲击下确立贫困县减贫新模式阶段（1986 年—1993 年）、非均衡新格局下的专项扶贫政策创新阶段（1994 年—2000 年）、区域轮动到联动推进下的整村推进扶贫开发阶段（2001 年—2010 年）。

1978 年开始，通过全面施行农村改革，以家庭联产承包经营制度解放和发展农村生产力，建立市场化的农产品交易制度，改革农产品购销和流通体制，释放出了巨大减贫效应。同时还实施了一系列具体帮扶贫困地区和贫困人群的政策措施，1980 年设立“支援经济不发达地区发展资金”，专门用来支持老少边穷地区的经济发展；1983 年组织实施“三西”地区扶贫开发计划；1984 年发布《关于尽快改变贫困地区面貌的通知》，集中解决 18 个连片贫困地区的贫困问题。1978 年—1985 年，农村人均粮食产量增长了 14%，棉花增长了 73.9%，油料增长了 176.4%，肉类增长了 87.8%。1986 年，成立专门的扶贫机构（国务院贫困地区经济开发领导小组），中国开始实施有计划、有组织、大规模的农村扶贫开发，并确立了开发式扶贫的方针，确定贫困标准和重点扶持区域，安排专项资金，制定特殊支持政策。1994 年颁布《国家八七扶贫攻坚计划》，1996 发布《关于进一步加强扶贫开发工作的决定》，2001 年颁布《中国农村扶贫开发纲要（2001 年—2010 年）》，进一步加强了对贫困地区的扶持力度，反贫困取得明显成效。

体制的改革以及多个区域经济发展战略的实施，构建起了有利于贫困地区和贫困人口发展的机制与模式，也为后来的农村扶贫积累了经验。从 1978 年到 2010 年，农村绝对贫困人口由 2.5 亿下降到 2688 万，贫困发生率也由 30.7% 下降到 2.8%。这一阶段的扶贫工作使中国成为首个提前完成贫困人口减半并基本解决了温饱问题的千年发展目标的发展中国家。

（三）党的十八大以来：通过精准扶贫为全面建设小康社会提供了根本保证

党的十八大开启了我国扶贫的新篇章，中国农村扶贫工作进入了新的历史阶段，由解决温饱问题向脱贫致富和全面建设小康转变，由依靠经济增长的“漫灌”向精准扶贫的“滴灌”转变，由政府主导向政府、市场、社会等多元主体共同参与的扶贫机制转变。2013 年，《关于创新机制扎实推进农村扶贫开发工作的意见》明确提出精准扶贫概念，通过精准识别、精准管理、精准帮扶来达到精准脱贫。2015 年，《中共中央国务院关于打赢脱贫攻坚战的决定》提出到 2020 年实现现行标准下贫困人口的全部脱贫，贫困县全部摘帽，区域性整体贫困问题得到解决，将精准扶贫、精准脱贫定为国家农村扶贫的基本方略。

精准扶贫战略实施以来，我国贫困治理方式转变为精准施策，确保了扶贫资源能够精准地与贫困个体对接，建立起了专项扶贫、行业扶贫和社会扶贫等多元主体参与多种举措结合的扶贫模式，大大提高了扶贫工作的效果。2018 年年末中国农村贫困人口已减少至 1660 万，农村贫困发生率下降至 1.7%。照此速度，2020 年我国必将彻底消除贫困人口，实现全面建成小康社会的目标。

（四）小结

尽管不同扶贫历史阶段面临的国际和国内的发展环境有所差异，不同阶段的扶贫目标、扶贫政策扶贫特征、扶贫主体和瞄准对象不同（见表 1），但是 70 年来，党和政府扶贫的决心是坚定的，都对贫困治理、实现共同富裕进行了一定的尝试，创造性地将马克思主义的反贫困理论与中国革命、建设和改革的具体实际相结合，逐步探索出一条适合国情的中国特色社会主义扶贫开发道路。这些实践促使了我国经济发展与减贫的同步推进，有效防止了中国掉入中等收入陷阱，对中国乃至全球减贫事业做出了重要贡献。

表 1　中国特色扶贫道路历史演进阶段

扶贫阶段	扶贫目标	扶贫特征	扶贫主体	瞄准对象
新中国成立—改革开放前	贫困救济	外部输血	中央政府	全国农村
改革开放—十八大前	实现温饱	内外造血	中央政府和地方政府	贫困地区、贫困县和贫困村
十八大以来	全面小康	多元造血	多元主体	贫困户

三、新中国 70 年扶贫的鲜明特点和优秀经验

70 年来，我国扶贫不仅表现在贫困人口数量的减少和贫困地区经济社会的全面发展上，更重要的是探索了一条符合中国国情的扶贫开发道路，形成了具有鲜明中国特色的扶贫特点和经验。

（一）扶贫开发与区域发展相结合

我国 70 年扶贫的成效并非来源于单纯的扶贫推进，而是在改革和发展中进行的，二者是相互融合、相互促进的关系。只有坚持区域发展与扶贫开发相结合才能使释放出扶贫的乘数效应。我国在 70 年间先后实施了东部地区率先发展、西部大开发、振兴东北老工业基地和中部崛起等区域性发展战略，并通过划定 14 个全国集中连片特困地区开展针对性扶贫攻坚。

1980 年开始的广东、深圳等地改革以及后来的长三角经济圈的全面振兴，使东部地区迅速摆脱贫困走向小康和富裕之路。1999 年中国提出西部大开发战略设想，并于 2006 年通过《西部大开发“十一五”规划》和 2012 年通过《西部大开发“十二五”规划》。2005 年和 2006 年我国又分别提出了振兴东北老工业基地和中部崛起的区域战略。区域战略的实施有力地推动了这些地区的经济发展和减贫。数据显示，2000 年—2010 年，中西部地区贫困发生率大幅下降，中部地区由 8.8% 下降至 2.5%，西部地区由 20.6% 下降至 6.1%。以区域发展带动扶贫开发，以扶贫开发促进区域发展的模式突破了传统的扶贫与区域发展相隔绝的模式，加快了不同区域的脱贫致富步伐，具有较强的实践意义。

（二）政府主导与多元主体参与相结合

政府主导是我国扶贫的最大特色，这是由我国的社会主义制度决定的。各级政府设置专门的组织机构，实行各级政府扶贫工作首长负责制的制度，形成了具有权威性、统一性的扶贫组织体系。但是，单纯依靠政府投入和政府推动，力量毕竟有限，为释放各类企事业单位、金融机构、贫困人口以及发达区域等主体的扶贫力量，我国在中央政府为主导的自上而下的扶贫模式的基础上，建立了定点帮扶、东西部协作、企业扶贫等多元化的扶贫参与机制，形成了政府、市场与社会共同参与的多元扶贫治理格局。

2010年中央印发《关于进一步做好定点扶贫工作的通知》，党政军机关、企事业单位开展定点扶贫。2016年发布《关于进一步加强东西部扶贫协作工作的指导意见》，通过扶贫协作和对口支援机制实现先富帮后富、最终实现共同富裕的目标。截至2016年，全国共有17.68万个党政机关和企事业单位参与定点扶贫，覆盖了全国12.8万个贫困村，共选派了77万多位驻村干部、19.5万第一书记。2017年，东部9个省帮扶了西部12个省区市，东部267个发达县市区与西部406个贫困县结成对子。2016年，东部省市共向西部对口帮扶省份提供财政援助资金29.3亿元，动员社会力量捐助款物3.3亿元。政府主导与多元主体参与相结合的减贫模式，广泛动员了社会力量和贫困群众参与扶贫，最大限度调动广大贫困群众脱贫致富的积极性、创造性和主动性，有力地推动了我国的减贫进程。

（三）物质帮扶与提升内生动力相结合

物质帮扶与精神帮扶相结合是实现可持续脱贫的重要保障。从救济式扶贫到开发式扶贫，再到精准扶贫，我国逐渐认识到培养内生动力的重要性，实现了由输血性扶贫到造血式扶贫的转变。1986年党中央明确提出开发式扶贫思想以来，扶贫开发逐步实现了由区域瞄准向与群体瞄准相结合的转变，瞄准主体日益微观化，推动扶贫资源到村到户，有效提高了贫困人群的受益率。尤其是党的十八大以来，在对象更加精准的基础上，不断提高贫困地区和贫困人口的自我发展能力和内生动力。一方面，通过改善贫困地区的基础设施和公共服务、落实优惠政策、培育产业等方式提升贫困地区脱贫的能力；另一方面，通过教育扶贫、精神扶贫、产业扶贫和技术培训等方式提高贫困人口的发展能力和自主脱贫的内生动力，充分调动了扶贫对象的积极性与主动性。这种物质帮扶与提升内生动力相结合的方式使中国在短期内大规模减贫的同时提高了脱贫的可持续性，有助于实现长久脱贫。

（四）扶贫实践与绿色减贫理念相结合

扶贫实践与绿色减贫理念相结合是实现脱贫致富与环境保护良性互动的关键路径。我国 95% 的贫困人口和大多数贫困地区分布在生态环境脆弱的地区，14 个集中连片特殊困难区与 25 个国家重点生态功能区高度重合。因此，绿色减贫是我国扶贫道路的必然选择。我国的绿色减贫理念经历了不断进化和创新的过程，从“十一五”规划突出绿色发展的思路到党的十八届五中全会正式提出绿色发展理念，再到绿色发展理念渗透到了扶贫工作中，最终形成了绿色减贫的理念。在具体的绿色减贫行动中，党中央在“五个一批”中明确提出“生态补偿脱贫一批”，同时进行了诸多绿色减贫实践的探索与创新，包括易地扶贫搬迁、旅游扶贫、光伏扶贫等绿色扶贫方式。这些有益的探索不仅促进了贫困地区和贫困人口的脱贫致富，也有效保护了生态环境，实现了脱贫与环境保护的双赢。

四、中国扶贫的未来展望

回顾中国扶贫 70 年的风雨历程，上下求索，奋斗拼搏，几千年来的绝对贫困问题将得到历史性解决，曾经贫穷困苦的中国人民即将踏上小康之路，中国的人权保障事业得到了巨大发展，取得了最令世界瞩目的人权进步，这些成就都得益于中国特色社会主义的政治优势和制度优势，得益于 70 年不断摸索和创新的中国扶贫理论体系和具体实践。面向未来，随着全面小康社会的建成和中国社会经济进一步转型与升级，中国扶贫也面临着许多新的挑战和新的任务，破解相对贫困，实现“富起来”到“强起来”将是未来扶贫工作的重要目标。与此同时，我们要继续承担大国责任，支持其他发展中国家消除贫困，推动更大范围、更高水平、更深层次的减贫合作，共建一个没有贫困、共同发展的人类命运共同体。

参考文献

［1］黄承伟，刘欣．新中国扶贫思想的形成与发展［J］．国家行政学院学报，2016（03）：63–68.

［2］邓小平文选（第 3 卷）［M］．北京：人民出版社，1993：116.

［3］胡鞍钢. 中国减贫之路：从贫困大国到小康社会（1949 年—2020 年）［A］. 国情报告（第十一卷 2008 年（下））［C］. 清华大学国情研究中心，2012：38.

［4］范小建.60 年：扶贫开发的攻坚战［J］. 求是，2009（20）：35-37.

［5］黄承伟. 中国扶贫开发道路研究：评述与展望［J］. 中国农业大学学报（社会科学版），2016，33（05）：5-17.

［6］张琦，冯丹萌. 我国减贫实践探索及其理论创新：1978-2016 年［J］. 改革，2016（04）：27-42.

［7］赵定东，方琼. 新中国成立以来农村反贫困政策的层次结构与历史变迁［J］. 华中农业大学学报（社会科学版），2019（3）：1-10+158.

［8］汪三贵，殷浩栋，王瑜. 中国扶贫开发的实践、挑战与政策展望［J］. 华南师范大学学报（社会科学版），2017（4）.

［9］张琦. 减贫战略方向与新型扶贫治理体系建构［J］. 改革，2016（8）.

［10］唐超，罗明忠，张苇锟.70 年来中国扶贫政策演变及其优化路径［J］. 农林经济管理学报，2019，18（3）：283-292.

［11］刘娟. 中国农村扶贫开发的沿革、经验与趋向［J］. 理论学刊，2009（08）：55-58.

［12］陆汉文. 我国扶贫形势的结构性变化与治理体系创新［J］. 中共党史研究，2015（12）：12-15，112.

［13］侯波. 中国扶贫减贫事业 70 年：历史回顾、基本经验和世界意义［J］. 经济研究参考，2019（9）：5-13.

［14］朱小玲，陈俊. 建国以来我国农村扶贫开发的历史回顾与现实启示［J］. 生产力研究，2012（05）：30-32+261.

论脱贫攻坚与乡村振兴的有效融合与发展

张 琦 万 君

2020年是非常关键一年，是国家“十三五”规划和收官之年，又是全面建成小康和脱贫攻坚目标实现的检验之年，更是连接2020年后我国建立解决相对贫困长效机制的谋划关键之年，也是推进脱贫地区稳步进入建立解决相对贫困长效机制进而融入乡村振兴阶段长期发展战略的重要基础。全面启动和实施乡村振兴战略有助于贫困地区巩固脱贫攻坚成果，有助于贫困地区实现长效发展，也有助于建立缓解相对贫困的长效机制。

一、脱贫攻坚与乡村振兴有效衔接和融合已经具备强力基础支撑

从我国2019年95%的贫困人口脱贫90%的贫困县摘帽等事实不难做出肯定的判断，2020年中国将历史性地首次消除绝对贫困，脱贫攻坚以来的各项成果为贫困地区乡村振兴打下了坚实基础，为乡村振兴提供了初步良好基础设施和公共服务条件，为乡村振兴奠定了较强发展能力的基础支撑，为乡村振兴提供了良好的乡村治理体系的雏形，为乡村振兴打造了一支素质过硬、真抓实干的队伍和人才。

二、推进全面脱贫与乡村振兴有效衔接和融合必须分阶段有序化循序推进

分阶段有序化循序推进主要体现在：一方面，要始终坚持精准扶贫思想；另一方面，按照时序来分阶段推进。最后就是坚持分地区逐步推进。

分阶段就是要巩固脱贫成果，为乡村振兴战略和建立解决相对贫困长效机制构建有力支撑，具体思路是：2020—2025年，考虑到乡村振兴战略

长期性及我国2020年后减贫转向建立解决相对贫困长效机制也是长期目标任务特点，因此，分阶段就是2020年后的“十四五期间”即2020年—2015年，在2020年刚刚解决绝对贫困之后，有必要设置脱贫成果巩固期，目的就是对脱贫攻坚取得的各项成果进一步地巩固，解决脱贫程度和水平不平衡性和差异性。这是因为巩固拓展脱贫成果是脱贫攻坚成果经得起历史检验的重要保障，通过巩固和拓展脱贫攻坚成果，切实提高农村人口的抗风险能力，降低他们的贫困脆弱性，实现增收和发展的常态化和长效化。巩固脱贫成果是顺利实现与乡村振兴衔接的关键和基础保障。脱贫成果能否得到良好的巩固关系到脱贫攻坚能否顺利实现与乡村振兴的衔接。习近平总书记强调，“打好脱贫攻坚战是实施乡村振兴战略的优先任务”，如期脱贫进入全面小康，是我们党对人民做出的庄严承诺，也是实现乡村振兴的前提。2025年后，工作重点在巩固脱贫成果基础上拓展和提升脱贫质量基础上建立缓解相对贫困长效治理机制，并全面启动和推动与乡村振兴相衔接和融合。

有序化推进主要是指建立解决相对贫困机制与乡村振兴战略的融合推进。也就是说，坚持以减缓相对贫困和建立解决相对贫困长效机制为重点，以振兴促相对贫困缓解；努力做好机制衔接和融合，投入衔接及融合等全面推进，综合提升，在实践中实现解决相对贫困长效机制与乡村振兴有效融合。因此，政策内容、实施方式组织机构和推进机制、利益平衡机制、要素融合平台、内生动力机制及集成和协同推进农村综合改革等都需要进行融合推进。

三、建立精准防止返贫预警监测和帮扶机制是2020年的重要工作之一

在一定程度上，建立精准的防止返贫的预警监测和帮扶机制是脱贫成果能否得到良好巩固的关键，可以肯定地说，能否建立有效防止返贫的监测预警和帮扶机制以及建立解决防止返贫的监测预警和帮扶机制的有效程度和水平，决定着未来建立相对贫困长效机制推进的速度和水平；建立防止返贫的监测预警和帮扶机制的时效，决定着建立解决相对贫困长效机制的时效。防止返贫的监测预警和帮扶机制越是巩固，脱贫攻坚成果越是巩固，建立解决相对贫困长效机制的难度就会小，建立解决相对贫困长效机制与乡村振兴融合的难度就会小，融合的时序推进就会顺利，融合才会有基础性保障，与乡村振兴的有效融合才会充分。

构建我国绿色减贫机制的理论及对策

（2019 年《甘肃社会科学》 张琦　冯丹萌）

摘要：2020 年是我国全面消灭绝对贫困的关键年，但同时也是脱贫地区衔接乡村振兴战略的关键时期。如何使贫困地区能够稳脱贫、久发展，是我们一直需要关注的问题。绿色发展理念对于贫困地区脱贫乃至振兴发展有着不可忽视的重要性，是关乎贫困地区能否长效发展的关键点。针对 2020 年脱贫目标以及未来长期的乡村振兴发展，从绿色发展角度构建贫困地区绿色减贫机制，重点在于挖掘深度贫困地区的绿色资源，充分转化绿色资源的经济、文化和生态价值，提升贫困地区的内在动力，进而促进贫困地区快速脱贫，稳步衔接乡村振兴战略。

关键词：乡村振兴；贫困地区；绿色减贫；长效机制

贫困是人类社会发展始终不得不面对的问题，随着生态环境资源对全球人类发展的重要性不断提升、绿色发展理念对于人类整体的逐步凸显，贫困的概念面临新的突破和发展。中国改革开放以来经济、社会、文化水平得到前所未有的提高，居民对物质和精神的需求也逐步提升。同时，随着绿色发展大战略的确定，由环境、生态、资源等自然因素引起的绿色贫困也日渐成为中国现阶段贫困的重要内容之一，绿色减贫是中国目前乃至未来减贫战略的必然趋势，是长远解决中国贫困问题的关键突破口。

一、绿色减贫对贫困地区可持续发展有深远意义

绿色减贫是新时期以来根据全球贫困特征以及全人类发展目标而提出的可持续减贫战略，然而从人类的发展规律以及与自然之间的关系来看，绿色减贫理念的出现并不是突然诞生的，而是随着人类与自然的不断发展、不断摸索、不断磨合而逐渐形成的，具有一定的历史必然性。

（一）绿色减贫是衔接贫困地区脱贫与乡村振兴的关键纽带

2020 年全面脱贫是中国贫困地区的共同目标，但同时也面临新一轮乡村振兴战略的挑战。因此，如何做到全面脱贫以后快速衔接乡村振兴是目前贫困地区面临的关键问题。

绿色发展是以当地的长远发展为目标的，因此从实施内容上充分考虑贫困地区的内生发展，注重从贫困人口的文化水平、发展观念以及健康水平等方面进行改善，防止返贫现象或者代际贫困现象的出现，这为乡村振兴发展提供一定的基础，避免脱贫后无法自力更生的现象出现。同时，绿色发展秉持人、自然和经济和谐发展的原则，充分保护和有效利用当地的自然资源，在合理范围内“精而巧”地开发一些生态扶贫项目，增收的同时也进一步提升生态保护重视度，为贫困地区保留了“绿水青山”，与乡村振兴战略中的“生态宜居”相吻合。因此，绿色发展不仅仅是贫困地区实现脱贫的重要手段，也是衔接乡村振兴的有效桥梁。

（二）绿色减贫为 2020 年后中国减贫指明新方向

2020 年中国将在现有标准下，实现农村贫困地区脱贫，贫困县全部摘帽，解决区域性整体贫困问题，即在中国全面建成小康社会时间点下的贫困问题基本解决。很显然，一方面这种脱贫是在现有标准即 2010 年 2300 元（不变价格）下的脱贫，也就是说初步完成了绝对贫困问题，这是一项历史性功绩，也预示着中国全面建成小康社会基本实现。在我国完成现有标准下贫困人口全部脱贫、贫困县全部摘帽、解决整体性贫困问题的历史使命后，减贫仍将是我们需要面临的问题[1]。不可否认，我国的脱贫还是一种低标准下的脱贫，与 2015 年世界银行提出的每天 1.9 美元的新贫困标准比较，仍有一定距离。事实上，绝对贫困问题基本解决，并不意味着贫困完全消除，当然，消除绝对贫困是不可能的，贫困永远存在，无论发展到什么阶段，贫困问题始终是人类面临的任务和挑战，中国的减贫之路也不会

有终结。这就意味着到2020年后，中国扶贫脱贫的目标和任务将会倾向于相对贫困问题，或者说低收入群体。绿色发展理念的融入为未来中国实现精准扶贫之后的减贫道路奠定宏观性指导。从联合国2030年可持续发展议程看出，经济与环境协同促进的可持续发展模式是全人类共同的发展之路，在未来的减贫道路上，绿色发展的理念将会越来越凸显。

二、贫困地区绿色减贫内在机制的基本框架

要实现绿色减贫，其核心就是要完成贫困地区绿色资源向经济、社会以及生态价值的转化，进而形成贫困地区核心内源驱动减贫动力。其中“绿色”在整个机制中不仅仅是目的导向，同时还在中间环节扮演着重要角色，即在减贫前、减贫中和减贫后都有绿色发展的理念融入，最终促进贫困地区的可持续发展。

（一）绿色减贫的生态价值凸显机制

根据人与自然的发展历程可以看出，生态资源环境与人类的发展从一开始并不是分裂和相违背的关系，生态资源的保护对于人类发展起到积极的促进作用。尤其对贫困地区，由于地域特征、自然条件以及自身的限制性开发等约束，贫困地区在国家发展中实际承担了生态保障、资源储备和风景建设的角色[2]。绿色减贫在价值转化过程中，最关键的是赋予绿色资源更长远的意义和价值，挖掘和开拓绿色资源的潜在经济价值，打破传统使用资源－产品－废物的单向方式，使绿色资源有效转化为具有市场价值的绿色资本进行投资，从而达到价值的最终转化。首先，中国的贫困地区大多集中于偏远农村，现代化发展水平低，基础设施薄弱，产业发展单一，绿色资源是贫困地区经济活动的重要依赖资源，为贫困人口从事经济活动提供了良好的前提条件，对贫困地区减贫具有隐性的正向作用。其次，绿色减贫完成贫困地区资源价值向经济价值和社会价值的转换。绿色减贫强调生态保护的同时，也旨在建立一种依靠良性生态资源为动力的生态经济体系，利用绿色资源为生产要素，通过贫困人口的参与和政府的政策引导支持，在合理开发绿色资源基础上充分发挥自然资源价值，使其转化为经济价值的过程。最后，绿色减贫是经济价值有效反馈于绿色资源环境中的再一次转换过程，完成绿色资源与经济的逆向循环。绿色减贫利用绿色资源转化成的经济价值，再一次逆向反馈到绿色资源的保护和投入中，为下

一轮的机制再次提供基础。

（二）绿色减贫的经济价值转化机制

生态资源具有消费属性[3]，这种属性是针对人类为主体而言的。从资本要素视角来看，资本是经济发展的根本，而绿色减贫的本质就是贫困地区内部绿色资源向绿色资本的价值转化过程。在绿色减贫中，绿色资源除了维护本身的生态特性之外，还可以充分发挥绿色资源的商品价值，发挥其生态价值外的经济资本角色，使绿色资源作为贫困地区经济发展的资本惠及每一位贫困人口。

1. 生态资源的景观价值

由于贫困地区生态资源的状况各异，因此生态资源的景观价值主要针对自然条件较好的贫困地区。此类贫困地区生态资源丰富，绿色减贫可充分发挥生态资源的景观价值，在合理开发范围之内，创造经济价值。如此一来，生态环境对于贫困地区而言不仅仅是单向保护的对象，更成为当地居民的有效资本，生态环境保护的投入也同时成为当地居民提升收入的必要投资。生态资源通过市场合理配置扭转传统绿色资源的开发模式，从传统的“资源－减贫－污染破坏－资源再开发”的恶性循环转变为“资源－经济价值－减贫－资源再投资”的良性循环，使绿色资源转化为经济价值，从而达到提升贫困人口收入水平的目的。

2. 生态资源的生产价值

与生态资源发展相结合的生态农业是贫困地区生态资源生产价值的有效体现。生态农业是指在保护、改善农业生态环境的前提下，遵循生态系统发展规律集约化经营的农业发展模式，是农、林、牧、副、渔等综合起来的农业，是以经济发展为动向，结合农业生产、加工、销售为一体的现代农业，是贫困地区绿色减贫的来源之一。生态农业通过利用较高的现代科技和技术水平提升传统农业生产效率，提升农产品的经济效益；同时，生态农业在生产过程中注重生态环境的保护和循环利用，降低在生产前、中、后对环境的污染程度，从而促进生态资源的可持续发展。从本质看，生态农业同样是生态资源的循环过程，从生产到产出再到销售，再到新一轮的投资生产，完成从资源到资本的自然化，使贫困人口从中获得经济效益并实现生态资源的循环发展。同时，生态农业的另一种形式是充分发挥生态资源特性，结合农业生产和生态资源的发展交集，通过林下经济、种养结合等方式有效结合生态资源与农业协同发展，在提高单位耕地面积产量的同时，也保障了生态资源的保护效率，完成生态资源的经济和生态价值双向转化。

3. 生态资源的市场价值

根据生态资源的内容与属性，主要是针对土地、水资源、生物和气候资源，绿力为前提，通过选取合适的、具有一定经济效益和在被开发承载范围内的绿色资源进行开发，投入贫困人口劳动力，通过市场调节，透过绿色产品和服务的供给与需求产生复杂的相互作用，进而对绿色资源形成合理配置，达到贫困地区经济效益的目标。生态资源的市场价值主要有两种类型：一是农业的市场价值。贫困地区根据市场需求，改善农产品供求关系，有效调整农业结构，通过创新生产技术等手段完成农产品数量向质量的升级，发展优质、绿色农产品，促进农业结构性改革，提升农产品经济效益，推进农业市场价值转化。二是水、空气等生态资源本身的市场价值。比如，空气、水等自然资源由于地域的差异具有一定的消费价值。绿色减贫通过可持续的、包容式的减贫方式使绿色资源流动方式由传统的封闭式转变为市场参与的循环式。

4. 生态资源的参与价值

生态资源在经济价值转换过程中还具有一定的参与价值，可以分成几类：（1）生态休闲旅游模式，主要依靠贫困地区的森林、土地、水等自然资源，发展具有参与性的生态旅游模式，游客通过亲身参与而获得精神和身体的满足感，从而达到资源价值向经济价值的转化。（2）：乡村休闲旅游，主要是结合农村农业优势，充分挖掘农业的多功能特性，探索生态旅游与资源集约型、环境友好型农业相融合的减贫模式。从参与形式来看，乡村休闲旅游可以分为休闲农场、乡村休闲旅游、乡村采摘、垂钓等几种类型，主要通过各种形式满足游客的参与感，进而使贫困地区获得经济效益达到脱贫的目的。

（三）绿色减贫的文化价值升级机制

绿色减贫中的文化维度有三方面内容：一是文化观念和思想观念转变，主要指贫困人口对绿色减贫理念的认识、领悟及对可持续发展的包容性减贫战略的思想认同感，增加贫困人口对减贫政策的契合度和配合度，提升贫困人口的脱贫主动性。二是技术和知识教育培训，主要指贫困人口受教育水平和技术水平，旨在提升贫困人口的生产能力。三是文化资源的保护和开发提升，主要指贫困地区自然文化资源的保护和延续，加强贫困地区整体的精神文明建设，提升其长期发展潜力。四是社会认同感，主要指贫困人口获得公平权益的机会和能力，使贫困人口在社会保障、医疗保险、就业机会等方面同非贫困人口获得均等机会，提升贫困人口的社会认同感。因此，立足文化角度，绿色减贫文化资源转化可以体现为以下几方面。

1. 文化资源的精神价值传递

文化资源的主要体现形式就是精神状态，而良好的精神价值传递是利用文化资源减贫的核心机制。这种精神价值可以表现为一种观念、一种生活状态，也可以表现为一种内在涵养。首先，对贫困主体而言，从主观意识上认清贫困及减贫的意义，才能提升脱贫的主动性。绿色减贫机制从文化资源着手，在把握文化资源基本属性的基础上，通过外界宣传、教育等手段使贫困人口从仅提升经济的传统观念转化为“健康、卫生、社会保障、生态环境等”共同推进的减贫理念，从观念上走出困境，完成文化资源价值的传递。其次，文化资源的精神价值也可以体现在人们的生活状态上，绿色减贫通过加强公共文化服务建设，扩展文化内容，丰富贫困人口文化生活，使贫困人口从基本生活到精神层面，由经济水平到社会、文化等多个层面得到改善，从成效上加深对绿色减贫理念的认同感。最后，文化资源的精神价值也体现在内涵和素质上，当今国际经济实力的竞争归根结底是劳动者综合素质的竞争，同样绿色减贫中贫困人口素质的提升是减贫成效的重要任务之一。绿色减贫通过绿色理念灌输、技术培训、教育扶持等途径提升贫困人口的基本技能，增强贫困人口减贫脱贫的内在软实力，培养贫困人口的内生发展能力。

2. 文化资源的消费性价值转化

文化资源同生态资源一样，具有一定的消费价值[4]。随着人们精神需求的不断提高，文化资源的市场价值逐渐凸显。贫困地区大多属于少数民族地区，其文化资源主要指本身较为传统的民族文化和具有一定意义的历史文化。文化资源由于本身具有的无形性特征，无法直接进行消费，但是文化资源可以选择一些实体产业或产品进行融合，来体现文化资源的消费性价值。绿色减贫充分利用贫困地区不同的民族特性和文化习俗等非物质资源，结合旅游产业以及一些民间手工艺品，使文化资源找到依托实体，进而产生经济价值，促进贫困人口减贫脱贫。从文化资源的发展方向来看，贫困地区文化资源消费性价值主要有两个转化渠道：一是打造贫困地区历史民俗文化旅游产业，依靠贫困地区特有的民俗文化资源发展文化旅游产业，比如少数民族村寨、小镇、民间歌舞、传统礼仪，等等；二是依靠某些贫困地区历史文化，发展历史文化体验旅游，如红色革命旅游、历史传奇人物故居，等等。其本质是根据市场需求，将贫困地区文化资源挖掘整合，与旅游产业相融合形成的减贫机制。除此之外，在文化资源与旅游业相融合的基础上，进一步开拓民俗文化产品的消费市场，民俗文化产品是在民俗旅游基础上衍生出来的产业，是依靠当地具有特色的传统文化发展起来的特色商品，这种商品只有依附于当地的旅游市场才能体现价值，其本质是当地特有的文化资源所具有的差异性和稀缺性的体现。比如剪纸、刺绣等手工艺品等，依靠当地的文化资源融入使其经济价值大大提升，为贫困人口带来经济收入。

三、完善和构建绿色减贫机制的对策思路

绿色减贫相比传统减贫模式而言，思路较新、实践较少，民众对其接受需要一个过程，实践起来也需要一个周期。因此，为了更好地推进绿色减贫理念与实践相结合，需要因地制宜探索出适合贫困地区自己的绿色减贫新路径。

（一）以生态保护为导向的产业扶贫绿色化减贫思路

产业绿色化是指在减贫产业项目的设计、实施及考核监测等环节融入绿色发展理念，注重绿色资源的保护及限制，通过结构调整、技术升级、提升管理等方式增强产业的绿色化水平进而使得减贫产业趋于健康、可持续发展。产业绿色化要求可持续概念贯穿企业的产品研发、设计、制造、销售、回收等一系列过程中[5]。在此路径实施过程中，主要以贫困地区绿色资源保护为侧重点，尤其对生态较为脆弱的贫困地区，绿色生态环境保护刻不容缓，旨在提高贫困地区的生态效率，为贫困地区打造一个健康良性的外部环境。同时，产业在绿色化过程中也为贫困地区带来一定的长期经济效益，增强贫困地区的可持续减贫潜力，对贫困地区未来的自身发展能力具有较为积极的影响，主要体现在以下几方面。

1. 绿色资源理念扶贫

绿色资源理念融合主要指在扶贫开发过程中注重对当地绿色环境的包容性发展，提升当地政府、企业以及贫困人口自身的绿色资源保护意识。一是在项目设计中注意考核当地贫困地区的生态环境承载能力，对生态保护区要进行保护性规划和开发，尤其对部分生态环境较为脆弱的贫困地区，须在扶贫规划中充分融入生态环境保护因素，使生态环境保护成为扶贫开发考量的重要指标之一。二是在扶贫产业和项目实施过程中注重绿色环境的保护和可持续发展。比如在农业扶贫产业中，注重化肥、农药等单位土地面积使用量的控制。在发展畜牧业时，充分考虑植被的生长周期和生态可恢复性。在生态休闲旅游产业发展中，注重生态环境与旅游产业的协同发展，推进生态环境长期发展；对不可再生资源的贫困地区，严格按照标准控制生态资源的开发，制定严格的考核体系，侧重推进有助于生态恢复的绿色产业。进一步推进结构调整和升级，改变传统的开发模式，采取一些新型可再生资源以减缓生态资源的开发压力。

2. 生态补偿扶贫

一个地区的贫困不仅仅体现在贫困人口自身的贫困上，同样也体现在这个地区外部环境的贫瘠上，主要指绿色生态环境的脆弱性，目前中国较多贫困地区生态环境破坏严重。因此，减贫和生态环境保护是同样重要的两大任务，更确切地说，生态环境的“减贫”也是贫困人口减贫中的一项重要内容。生态补偿是将生态环境保护与贫困人口减贫完美结合的有效路径。根据定义，生态补偿主要包括以下内容：一是从生态系统自身角度出发，对恢复或破坏生态环境系统所产生的费用进行补偿；二是通过各种渠道使生态环境产生的外部经济效益内部化；三是对一个区域或个人在生态环境保护方面所投入的真实成本和机会成本进行补偿；四是对于一些具有显著生态价值的生态环境区域进行投入。由此可知，生态补偿扶贫主要依靠以上途径对贫困地区或贫困人口倾斜，使生态环境受到直接或间接保护的同时，促进贫困人口减贫，提升当地企业和个人对于生态环境可持续发展的意识。

（二）经济视角下的农业绿色产业化减贫思路

在贫困地区，农业是贫困人口赖以生存的主要产业，“靠山吃山，靠水吃水”自古以来指的就是依靠自然环境从事农业生产维持人们生活的状态，要使贫困人口脱贫，首先离不开农业生产，而要发展农业生产，更离不开对绿色资源环境的考量。因此，“绿色生态资源－农业－贫困人口”三者是相辅相成、协同发展的关系，绿色农业扶贫结合绿色资源环境与农业扶贫，无论从绿色资源环境保护还是扶贫脱贫方面，都具有较高可行性。

1. 依靠不同地区绿色资源环境禀赋，顺时顺势发展相应特色农产品

农产品对所在区域的温度、土地质量、空气、光照、海拔等自然条件有要求，不同的自然环境条件不仅会对农产品品种有要求，同时也会对同一种农产品的产量和质量有影响。要生产高产量高质量的农产品，最基本的条件就是选取适合生长种植的地区环境。在同一地区，由于不同农产品的生长特性不同，可以针对其种植属性进行种养搭配。以林地资源和森林生态环境为依托，在林业种植的间隙种植适合的林下作物或进行家禽养殖，相互配合发展林下种植业、养殖业、采集业等林下经济，在达到耕地有效利用的同时，对绿色资源环境进行包容式发展，有效促进绿色增长。尤其对于耕地面积有限的贫困地区，林下经济可以有效提高单位面积产量，增加贫困人口单位耕地面积平均收入，达到贫困人口减贫目标。

2. 调整农产品结构，提升农产品市场竞争优势

农产品的最终销售平台是市场，市场需求是决定农产品生产结构的“风向标”。随着中国农业水平的不断发展，人们生活水平不断提高，对于农产品的消费需求出现结构性变化，温饱型农产品趋于供需平衡，而中高端农产品消费市场潜力较大。因此，贫困地区需要从此入手，调整农产品发展结构，创建高竞争水平的农业发展减贫之路。第一，开拓适应于市场消费结构的农业减贫路径。根据目前中国市场对农产品的消费需求，温饱型农产品在市场上的供给逐渐大于需求，竞争优势不断减小，中高端农产品的需求逐渐提升，贫困地区在自身绿色生态资源条件允许范围内，调整农产品结构，减小温饱型农产品比例，发展中高端农产品生产，通过创新农产品营销模式和提高农业科技水平，进而提高贫困地区农产品在市场上的竞争力。第二，以绿色生态为依托，优化农业区域结构的减贫路径。由于中国贫困地区范围较广，绿色资源条件各异，因此对于不同区域的贫困地区应根据其绿色资源条件和农业资源禀赋因地制宜，发展具有自身区域特色的农业结构。

3. 提升企业带动，拓宽农业价值链

贫困地区的绿色企业带动是贫困人口脱贫的又一个重要路径。企业通过对贫困人口采取绿色项目倾斜支持、减缓贫困人口就业压力等方式对贫困人口进行直接和间接的经济带动，主要表现为以下几方面：第一，优先务工，促进贫困户脱贫。由于大多数贫困人口收入水平低，没有能力和资金进行自主创业，或者有一部分贫困人口因为子女、老人及自身原因无法外出务工，因此，企业针对这部分人群采取直接务工的方式进行扶持。第二，入股分红，对贫困户创业资助。除了直接务工以外，企业还会对贫困人口提供一定的投资机会，贫困人口可以用一部分扶贫资金入股，由农民变为股民，享受企业带来的红利，按股分红，使贫困人口不仅获得务工收入，同时通过入股也能得到经济效益，获得双向收入。第三，与贫困村专业合作社及大户开发项目，直接和间接带动贫困户。对于部分贫困人口比例较多的贫困村，企业可以通过直接与当地大户以及专业合作社进行项目合作从而带动贫困人口脱贫。企业对大户或者专业合作社提供产业贷款资金、技术培训、产品销售等全方位的扶持，保障整个产业的经济效益，而在整个扶持过程中，为了进一步带动当地贫困人口脱贫，使经济效益尽可能地精准到贫困人口上，企业和政府对大户和专业合作社都有一定的要求，比如分配贫困人口一定的参与比例、给大户或者专业合作社一定的扶贫脱贫任务，从而激励对贫困人口的倾斜扶持。

（三）以绿色生态资源实现市场化资本化为核心的减贫创新探索思路

利用贫困地区的生态资源优势转化为具有市场竞争力的生态产业，最大限度发挥生态资源的经济价值是贫困地区减贫的另一渠道和路径。由于中国的贫困地区大多分布在农村，生态资源破坏程度相对较低，生态资源是贫困地区具有的相对优势，充分发挥生态产品的本身价值和使用价值，增强贫困地区生态产品的市场竞争力，是贫困地区整体发展和贫困人口脱贫致富的发展路径和方向。

1. 中国贫困地区乡村小资源式的全域旅游扶贫路径

中国许多贫困地区拥有先天的自然环境及历史、民族文化资源，然而受地理环境等天然因素的影响，与我们理解的传统资源不同，这些资源并不是所谓的名胜古迹、名山名水，而是规模不大，且分布不集中，知名度较低的一些“小资源”，然而，也正是因为小资源的这种特性，形成了其特有的自然优势，主要表现为数量多、分布广，在贫困地区之间具有较多类似的资源点。

第一，整合资源，打造全域性小资源旅游区。乡村小资源由于规模小、分布广，在贫困地区较为普遍。因此可以考虑打破界限，以整体区域为发展对象，对不同区域的小资源进行整合，打造全域性的旅游扶贫模式。全域旅游产业促进特色经济增长，以全域旅游视野打造旅游产业，以旅游产业为依托发展现代特色农业，以全域旅游开发推进扶贫攻坚的新进展。着力打造绿色资源扶贫项目，推动扶贫工作由输血向造血转变。全域式的旅游模式可以通过集结较多的贫困地区小资源的形式，给更多的贫困人口提供就业机会和经济收益，与以村或乡为单位的减贫相比，此种路径更具有带动效应。第二，创新升级，打造品牌式旅游。贫困地区的小资源在长期发展过程中没有受到足够重视，因此开发程度较小，保持了较原始的风貌。但也因为如此，在目前新的市场需求背景下，这些小资源具有更高的发展潜力。尤其对于一些本身具有明显特色和代表性的自然或人文资源，通过政府的支持和对外宣传，完全具有带动效应相对较强的旅游景观潜质。通过进一步创新升级，挖掘贫困地区中具有特性的小资源，打造具有市场竞争力的品牌式旅游产品。同时，品牌旅游产品的打造还有助于带动周边区域小资源旅游产品的集聚发展，进而发挥更大的减贫辐射效应。第三，瞄准定位，打造以临近区域消费者为对象的专属旅游产品。贫困地区由于大多位置较为偏远，交通不便，考虑到旅游成本以及小资源本身的影响力，这些地区的小资源旅游对于较远地区的游客短期内没有较大的吸引力。贫困地区精准定位，从市场需要找准具体消费区域，以临近区域的人群为重点，打造针对性的专属旅游产品。

2. 文化与自然资源相结合的多元旅游扶贫

随着社会多样性发展，旅游的内容也在不断变化，旅游形式也逐渐趋于多元化。基于此背景，贫困地区借助文化资源和自然资源相结合的方式打造多元化旅游扶贫方式，在产生经济收益的同时，也能进一步对贫困地区文化产业进行再度挖掘和开发，提升贫困地区旅游开发的潜在能力。一是自然资源，主要是指当地经过长时间的自然地理环境演变而成的具有一定特色的自然风光景象，主要因素包括地貌、水体、生物、气候等方面。这类资源主要分布在绿色良好型贫困地区，具有较好的自然生态条件和较高的经济利用价值。二是民族文化资源，主要指一个地区伴随着不同民族长时间的生产生活所遗留下来的能够体现其特点的物质和精神的总和，民族文化资源其实更多情况下是一种非物质文化积淀，比如一些习俗、节日或者活动。同时也有一部分具体的物质遗留，比如宗庙、民居建筑、生活用品，等等，能体现当地的民族文化价值。三是历史文化资源，是依靠当地历史上发生的对人类生活方式或精神层面产生较大影响的重大事件的文化积淀[6]，主要包括古人类遗址、古代都城遗址、古战场遗址、名人遗址等资源。贫困地区在市场经济条件下，依托自身独具特色的历史文化资源，把资源转化为文化产品，提升其市场价值。四是红色革命资源，红色革命资源属于历史文化资源中较为特殊的一种资源，主要是指领导中国人民走向独立解放和繁荣富强的伟大历史进程中形成的革命遗址、革命文物及其所承载的革命精神的总和。以“中国革命”为主题的红色资源，是发展红色旅游的主要资源。随着文化水平的不断提高，红色旅游在中国的市场竞争力也在逐渐增强，井冈山作为革命老区，红色旅游开发得比较好，取得突出效果，并带动周边一大部分贫困人口脱贫。据统计，截至 2016 年上半年，井冈山共整合各类扶贫资金 2 亿元以上用于扶贫开发，实现全山贫困人口下降幅度达到 46.75%，贫困户人均增收 1500 元，全山贫困发生率由 13.5% 下降至 7.8%[7]。

3. 自然资源与农业相结合的休闲观光农业旅游扶贫

休闲观光农业旅游扶贫对贫困人口经济带动显著，减贫成效较高，具有很强的适用性和传播性。与传统旅游模式相比，其优势是更普遍适合于农村地区，依靠农村的田园风光和农业，利用体验式、参与式的方式形成特殊的田园生活旅游模式，更具有普遍适用性，对贫困地区的拉动幅度也更加明显。主要体现在以下几方面：第一，收入带动。休闲观光农业对于收入具有直接拉动作用，积极引导和扶持贫困农户发展农家乐，形成农家乐与特色种植的优势互补，提高综合效益，吸引更多的游客到农村旅游、休闲、度假，实现农业和第三产业共赢。第二，信息对称带动。休闲观光农业使贫困地区人口与游客都参与进来，充分带动贫困地区与外界的交流和互动，尤其在信息方面贫困地区居民可以通过与游客的交流获得更多的信息，减少贫困地区与外界的信息不对称现象。同时，休闲观光农业依靠现代农业和互联网等技术开拓旅游市场，如采取全程监测的方式进行游客养殖业体验等，促进贫困地区与外界市场的衔接，使其对整体市场的敏锐度逐渐提高，从而提升贫困地区减贫的内生动力。第三，绿色理念带动。理念的形成需要实践和结果为导向，绿色理念的形成也要依靠实践及经济效益来体现，尤其对于贫困地区，简单的绿色观念灌输效果并不明显。而休闲观光农业的实施加大了贫困人口对于绿色环境资源保护的任务性，使贫困人口认识到绿色环境的维护和改善是休闲观光产业的必要投资。同时，其产生的经济效益也驱使贫困人口对于当地生态环境产生自发性保护。

（四）“互联网 + 农业”扶贫模式朝数字乡村迈进

“互联网 + 农业”的扶贫模式主要是改变传统农产品流通方式，创新技术和首选促进农产品生产方面、流通渠道以及经营手段，从而提升生产、经营、管理、服务等农业环节的效率，是贫困地区扶贫脱贫的新模式。贫困地区利用互联网技术，整合农资、农业技术、市场信息、金融信贷等大数据资源，形成数据生产与交易管理体系，通过电商平台为深度贫困地区农产品销售打开市场，提升农产品市场竞争力，达到脱贫目标。例如甘肃省陇南市通过积极探索“互联网 + 农业”模式，有效对接当地资源和市场，成效显著。截至 2017 年年底，通过电商扶贫带动贫困人口 15 万余人[8]。2014 年以来，西藏通过探索“互联网 + 旅游 + 农特产品”运营模式，从“产业扶贫、创业扶贫、就业扶贫”三大策略着手，带动农牧业增收，从而帮助贫困人口脱贫[9]。青海省深入推进 14 个深度贫困县电子商务进村示范县工程，积极开展“三体系三工程”建设，构建县域电商生态圈，扩大电子商务在农业农村的应用，推动电商与农村一、二、三产业深度融合，促进农畜产品上行。重点打造县、乡、村三级电子商务服务体系，县、乡、村物流配送体系，农产品供应链及农村电商营销体系，以及农产品上行工程、电子商务人才培养工程[10]。2016 年 11 月 13 日，国务院发布《关于促进电商精准扶贫的指导意见》，实施电商扶贫工程，推动互联网创新成果与扶贫工作深度融合[11]。2018 年 1 月 29 日，中国扶贫基金会发布针对深度贫困地区的“深度优鲜”电商扶贫计划，计划用 3 年时间覆盖全国 334 个深度贫困县，包括四川在内的西南地区是先行区域。“互联网 + 农业”扶贫成效开始在全国各个地区显现。

参考文献

[1] 张琦，冯丹萌. 我国减贫实践探索及其理论创新：1978—2016 年 [J]. 改革，2016 (4)：27—42.

[2] 苏静，胡宗义，肖攀. 中国农村金融发展的多维减贫效应非线性研究：基于面板平滑转换模型的分析 [J]. 金融经济学研究，2014 (4)：86-96.

[3] 刘俊英. 中国政府民生服务及其减贫效应分析 [J]. 经济问题探索，2013 (9)：21-26.

[4] 刘廷兰，赵洪伟. 基于模糊层次分析法构建少数民族地区农村扶贫效果评价指标体系 [J]. 农村经济与科技，2013 (11)：148-151.

[5] 郭建宇，吴国宝. 基于不同指标及权重选择的多维贫困测量：以山西省贫困县为例 [J]. 中国农村经济，2012 (2)：12-20.

[6] 陈辉，张全红. Alkire — Foster 模型测度城市多维贫困的研究：以广东省中山市为例 [J]. 五邑大学学报（自然科学版），2013 (2)：36- 40.

[7] 伍策，元月. 井冈山精准扶贫作用凸显红色旅游已成全国样板 [EB /OL]. (2016-07-28) [2017-07-03].http：/ /www. china.com.cn /travel /txt /2016-07/28/content_38974437. htm.

[8] 产业扶贫可以怎么搞？ 十大机制创新典型来揭晓 [EB/OL]. (2018-10- 28) [2018-10-20].–http：/ /www.xinhuanet.com/politics /2018-10/18 /c_1123574807.–htm.

[9] 乘势而上，开创西藏“互联网 + 精准扶贫” 新局面 [EB/OL]. (2018-06-22) [2018-07-20].http：/ /www.sohu. com/a /237157889_114967.

[10] 青海：鏖战高原深贫著华章 [N/OL]. 农民日报，2018-11-20.http：/ /szb. farmer. com.cn /nmrb /html /201811/20 /nw. D110000nmrb_20181120_1 –04.htm ？ div = 1.

[11] 关于促进电商精准扶贫的指导意见 [EB /OL]. (2016-11-23) [2019- 08 -10]. http：/ /www.cpad. gov.cn /art /2016/11/23/art _624_55721. html.

基金项目：教育部哲学社会科学研究重大课题攻关项目“贫困治理效果评估机制研究”（16JZD025）。

信息技术助力教育精准扶贫的创新实践探索

——以“AI 老师智慧教育”项目为例

（2019 年 11 月《中国信息技术教育》 张欣欣　史志乐　张琦）

“扶贫先扶智”，让贫困地区的孩子接受优质的知识教育，是贫困地区稳定而长久脱贫的重要路径之一。在教育信息化转段升级的 2.0 时代，信息技术手段在增强教育基本公共服务供给能力、扩大优质教育资源覆盖面等方面展现了独特优势，理应肩负弥补贫困地区扶贫短板、突破教育扶贫瓶颈制约的历史使命。聚焦贫困群体，借助信息技术手段，成为贫困地区促进教育精准扶贫可行路径的重要力量。学而思网校立足于大凉山彝族地区普通话普及率低，师资力量薄弱的现实困境，在鼓励学前儿童学会普通话的政策背景下，研发了一套低成本、低门槛、操作简单的“AI 老师普通话教学”系统，并在四川省凉山彝族自治州昭觉县得到了广泛应用，取得了显著的减贫成效，为信息技术助力教育精准扶贫提供了成功经验。

一、教育精准扶贫的时代价值

教育精准扶贫通过弥补贫困地区教育短板以提高贫困人口基本文化素质，阻断贫困代际传递，并最终实现贫困地区稳定而长久的脱贫，在贫困地区的脱贫攻坚中发挥着基础性和先导性的作用。

教育精准扶贫作为阻断贫困代际传递的根本之策，打破了传统给钱、给物的“输血式”扶贫模式，赋予贫困地区贫困人口脱贫的内生动力和长久动力。“输血式”扶贫只能解决一时之困，而扶贫脱贫的关键是贫困人口能力的提升，不仅包括生计能力，更重要的是发展能力的提升以及适应市场经济发展等综合素质和能力的全面提升。教育精准扶贫的特殊优势是将扶贫与“扶志”“扶智”相结合，通过文化素质、科技水平、职业技能等的培训，转变贫困人群的“等靠要”观念，激发贫困主体的内生动力，增强贫困人口脱贫增收的主观能动性，从而实现可持续发展。教育精准扶贫通过增强贫困人口的科学文化知识、提高综合素质为核心目标，保障了扶贫脱贫的可持续性，从根本上提高脱贫的质量，同时也减少返贫现象。

二、信息技术与教育精准扶贫的逻辑契合

信息技术作为一种先进的生产力，逐渐成为“智慧时代”实施教育精准扶贫的有效手段，在增强教育基本公共服务覆盖面、促进教育公平和扩大优质教育资源供给、低成本高效率促进教育精准扶贫方面展现了独特优势。

（一）科技助力教育公平，实现教育资源普及共享

在增强教育基本公共服务覆盖面、促进教育公平方面，信息技术首先实现了学校和学习者对学习环境建设的诉求，保证了资源的均衡配置与数据的可达性，促进教育资源的普及共享。早在 2012 年，我国就全面启动“教学点数字教育资源全覆盖”项目，目的在于利用信息化手段实现设备配备、资源配送和教学应用“三到位”，从而突破地域差异。其次，贫困地区往往面临师资力量薄弱、教学资源匮乏等问题，而科技助力优质教育来源更广、获取性增强。信息技术在时空不限、数字资源零成本复制、支持个性差异等方面的优势，使它在满足不同层面教育公平的需求方面呈现出越来越多的可能性。

（二）优质教育资源突破时空局限，学生教师同步提高

信息技术助力高质量教育精准扶贫同时表现在学生获取优质教育资源和教师提升专业素养两个方面。其一，优质在线教育资源保证了学生从“有学上”到“上好学”的转变。比如，“双师课堂”通过同步备课、同步

教学、同步检测、同步课辅、同步管理的方式，放大优质教育资源，帮助偏远地区的学生们共享名校教育资源。其二，把教师作为直接帮扶对象，解决教育帮扶内生发展问题。教师的知识素养和专业水平是影响教育质量的前提性因素，决定着教育的品质。贫困地区教师在通识性知识、学科知识、教学知识等方面表现出一定程度的匮乏。此外，语言知识还是民族地区教育的桎梏所在。各类学习资源在抵达贫困地区时，教师借助新媒体技术通过知识输入学习和教学输出，起到了提升学科素质和教学能力的作用，达到了盘活教育存量资源的效果。

三、“AI 老师智慧教育”项目的创新实践

“AI 老师智慧教育”项目是好未来集团学而思网校结合自身在教研、技术方面的优势，针对贫困地区的现实困境，专项研发了“AI 老师普通话教学”系统，为昭觉全县 72 所学校、70462 名在校学生免费提供普通话教学服务和优质课程资源的教育帮扶项目。

（一）项目背景

由于地理、历史、文化、民族等原因，少数民族聚居区形成了语言使用情况比较复杂的局面，极大地制约了贫困地区扶贫开发。《中国农村扶贫开发纲要（2011 年 –2010 年）》明确要求“在民族地区全面推广国家通用语言文字”，《推普脱贫攻坚行动计划（2018 年—2020 年）》更是提出了“扶贫先扶智，扶智先通语”“到 2020 年，贫困家庭新增劳动力人口应全部具有国家通用语言文字沟通交流和应用能力”。2018 年 2 月，习近平总书记亲临大凉山彝区视察时特别强调，要抓好抓实教育工作，决不让孩子输在起跑线上。2018 年 5 月，在国务院扶贫办、教育部以及社会各界的大力支持下，启动“学前学会普通话”行动试点，出台《凉山州“学前学会普通话”行动总体实施方案》，明确通过三年时间努力，实现具有正常学习能力的 3 至 6 岁学前儿童能够在接受义务教育前使用国家通用语言进行沟通交流，形成国家通用语言思维，达到“听懂、会说、敢说、会用”普通话的目标。

（二）项目实施

随着教育信息化的不断推进，学而思网校教育帮扶精准发力，“AI 老师智慧教育”项目于 2018 年 9 月在凉山州昭觉县落地，旨在为每个彝族孩子打造自己的“AI 老师”。昭觉县位于四川省凉山彝族自治州深度贫困地区，

是国家级扶贫工作的重点县，彝族人口占总人口的98.1%，普通话普及率极低，成为“AI 老师”试点的首选地。

1. 深度定制彝汉双语学习模块，提供高质量普通话教学资源

针对昭觉县的实际需求，以及学前儿童学习普通话的特点（不识字、只能看图、需要彝汉双语对照），“AI 老师普通话教学”智能系统对学前儿童彝汉双语学习模块中所使用的词汇内容均进行了深度本地化。学而思网校与当地教育局、语委共同梳理当地常用词汇，包括称谓、动物、植物、彝族美食、彝族服饰、礼貌用语，等等，并邀请昭觉县本地教师绘制相关图片，录制彝汉双语音频，最终将常用词汇以“图片 + 彝汉双语发音”的模式进行展示，简洁易懂，趣味十足，非常适合学前儿童学习。

2. 科技助力智能测评和发音纠正，个性化服务助力普通话精准教学

不同于一般双语教学软件，学而思网校的“AI 老师普通话教学”系统借助科技优势，深度融合语音识别、语音测评等技术，不仅能够实时对孩子的发音进行智能评测，还能进行及时纠正。在儿童跟读完成后，“AI 老师”还会为孩子生成专属的学习报告，针对发音准确度、流畅度等多个维度进行精准的反馈，对错音、漏音进行及时纠正。在此基础上，儿童还能开展拼音、词汇、语法等多方面的学习。智能反馈的个性化服务根据每个孩子对普通话听读认知掌握的不同程度，实时给出儿童学习普通话的反馈结果，促进了学前儿童普通话水平的精准提升。

3. 离线系统对硬软件环境要求低，AI 教学系统广泛应用

贫困地区县域的教育信息化建设中缺系统、少应用、少资源现象仍然常见，人员、资金、资源匮乏仍是贫困地区县域教育信息化发展的掣肘（任友群，2017）。因此，贫困地区教育信息化推进需要一套低成本、低门槛和高成效的解决方案，学而思网校研发的“AI 老师普通话教学”智能系统即完全符合这些要求。在硬件设施方面，该系统是一套离线应用，仅需一个电子屏幕即可投放。在凉山州“一村一幼”“一乡一园”工程的实施背景下，昭觉县所有学前教学点均可达到硬件要求。软件方面，“AI 老师”智能引导儿童学习，幼教（辅导员）在此过程中仅起到辅助作用，因而对其教学专业素质要求低。对于普通话水平不高的教师来说，还可以跟随学生一起学习提升。

（三）项目评价

“AI老师智慧教育”项目实施一年来，在昭觉县已覆盖252所学前教学点和72所小学，共7万名中小学生从中受益。昭觉县教育局针对使用“AI老师普通话教学”系统的2417名教师开展调查问卷，回收有效问卷847份。调查结果显示，该项目在提升学前儿童普通话水平、缓解师资力量不足问题、促进妇女儿童减贫和可持续发展等方面发挥了显著作用。

1. 高质量教学资源助力学前儿童普通话水平整体提升

“AI老师普通话教学”系统在昭觉县得到了广泛应用，教育精准扶贫效果显著。在教学内容和形式上，超过95%的老师认为“AI老师”中图文并茂的教学内容有助于提高学生的理解能力，创新日常普通话教学形式，寓教于乐的同时，双语教学也保护和传承了彝族民族文化。在教学成果上，学前教学点每周使用5天“AI老师普通话教学”系统，每周学习20个汉语词汇，儿童熟练掌握4–5个，全县学前儿童普通话整体水平得到显著提升。以全县的语文成绩为依据，使用了“AI老师普通话教学”系统学习的2019年一年级学生，上学期所获得的语文平均成绩为67.6分，同期成绩远优于没有在学前使用“AI老师”进行普通话学习的2018年一年级学生（40分）和2017年一年级学生（30分）。

2. 学前普通话推广有利于弥补民族地区减贫进程中的义务教育短板

义务教育一直是大凉山地区扶贫开发的短板，目前，凉山全州平均受教育年限只有6年，其中昭觉县只有4年。究其原因发现，当地彝族学生过去由于学前不会说普通话，“一步慢步步慢”，进入小学后普遍存在读“望天书”现象，从而极易造成积极性、自信心受挫，滋生厌学辍学现象。因此，学前学习普通话极具必要性。此外，学前时期是学期普通话的黄金时期。相关研究表明，语言习得的关键期一般是指从出生到青春期前，其中1–5岁较为关键，通过进行系统的普通话学习，以及接触较多的普通话语言环境，能够高效地帮助幼儿提升普通话的听说读写能力。但如果错过了语言能力发育的黄金时期，越往后学习普通话的效果就越差。“AI老师智慧教育”项目把握语言学习关键期，以趣味学习的形式，提升学前儿童普通话的听说认知能力，不仅表现在语文成绩的提升，还有利于增强学生对数学、自然等学科的认知。问卷结果显示，超过89%的学生，因为语言水平提高获得了更好的学习能力而间接提高了其他科目的成绩。增强学前儿童普通话水平有助于教育接续，提升整体学业水平，进而激发学生学习兴趣和内生动力，从根本上改善厌学、辍学情况，提升当地教育精准扶贫效果。

3. 智能化教学形式缓解贫困地区师资力量不足的困境

与其他科目的学习不同，普通话的教育和推广对于教师发音的标准性、互动性要求更强。在师资力量不足的现实情况下，AI技术的应用在语言推广上更具优势。首先，“AI老师普通话教学”系统操作简单、门槛低。问卷结果显示，超过90%的老师都认为系统操作对于老师及学生都十分便捷，也愿意使用该系统。其次，从普通话跟读、测评到纠正，学生均可直接面对系统学习，不需要对教师投入专业培训，成本大大降低，效率显著提升。最后，当地幼教（辅导员）流动性大、专业水平偏低，但是在“AI老师普通话教学”系统的帮助下，逐渐保证了每个彝族孩子拥有自己的“AI老师”，并且可以随时随地跟老师学习普通话。幼教（辅导员）也可以通过使用“AI老师普通话教学”系统提升自身的普通话水平，有效缓解了深度贫困地区师资力量不足的问题。

4. 智能信息技术对贫困地区妇女的减贫作用尤为显著

由于农村妇女文化程度低、思想观念保守陈旧等原因，贫困地区的妇女减贫工作在脱贫攻坚中面临着巨大挑战。四川昭觉县当地存在大量的闲置劳动力，尤其是女性，受家庭、性别和传统观念的影响，在社会就业中存在天然劣势，很难走出大山、走出贫困，女性贫困问题尤为突出。而“AI老师普通话教学”系统则在一定程度上缓解了这个问题。由于便捷、简单的智能操作系统对幼教（辅导员）的专业要求相对较低、工作时间和地点相对灵活，凉山州深度贫困地区妇女通过一定的培训之后便可以掌握“AI老师普通话教学”系统操作和应用。据统计，在使用“AI老师普通话教学”系统教学的581名幼教点辅导员中，女性教师占比73.1%，数据还表明该项目的确为当地妇女增加了大量就业机会，带动妇女减贫作用显著。

5. 语言学习助力民族地区群众融入大市场、大社会

普通话普及是脱贫攻坚、推动贫困人群融入全国经济社会发展大局的一座基础桥梁。因为不懂普通话，民族地区的群众在现代经济和社会发展中被逐渐边缘化。一方面，大凉山当地人民通过彝语获取现代知识和信息有限，不懂普通话也就意味着他们不能通过这个畅通的渠道获取知识和技能，从而逐渐在激烈的市场竞争中被边缘化；另一方面，因为说不好普通

话，可能会存在文化障碍而遭受社会排斥和就业歧视，难以获得合法收入和公共服务。因此，通过普通话学习，尤其是从儿童时代就学习普通话，不仅可以方便对外的交流和学习，甚至有利于提升儿童接受和理解新知识的能力，形成使用普通话进行思考的习惯，这将有利于民族地区群众走出封闭的环境，逐渐与外部社会接轨，并主动融入主流社会，分享国家经济高速增长带来的机会和成果，这将从根本上助力民族地区实现联合国可持续发展目标（Sustainable Development Goals）中消除贫困、经济增长与保障就业的要求。

6. 智慧教育精准扶贫为实现可持续发展做出积极贡献

"AI 老师智慧教育"在助力教育精准扶贫的方面为全球减贫工作提供了中国方案，而且这些创新性的实践在理念上、操作上、效果上都取得了良好的成绩，为实现联合国可持续发展目标贡献了积极的力量。随着"AI 老师智慧教育"项目的进一步的推广和应用，大凉山深度贫困地区社会经济面貌也得到了较大程度的改善，受到该项目的辐射和影响，不少贫困人口获得了可持续的就业机会，家庭收入水平也有了大幅度的提升。此外"AI 老师智慧教育"项目本身具有较强的可复制、可推广性，"AI 老师普通话教学"系统一经研发，即可为所有教学点提供免费资源，且教学内容丰富，迭代升级简单快捷，一次投入，长久受益，进一步凸显了可持续发展的价值。

参考文献

［1］熊才平，丁继红，葛军，胡萍. 信息技术促进教育公平整体推进策略的转移逻辑［J］. 教育研究，2016，37（11）：39–46.

［2］任友群，冯仰存，徐峰. 我国教育信息化推进精准扶贫的行动方向与逻辑［J］. 现代远程教育研究，2017（04）：11–19+49.

［3］史志乐. 教育扶贫与社会分层：兼论阻断贫困代际传递的可能性［J］. 教育理论与实践，2019，39（04）：16–19.

［4］王春辉. 中华人民共和国语言扶贫事业七十年［J］. 云南师范大学学报（哲学社会科学版），2019，51（04）：33–39.

［5］赵俊超，张云华. 学前推广普通话是民族地区发展的战略举措［J］. 开放导报，2019（04）：45–47.

［6］王文君，李艺华，王建明. 信息技术视域下教育精准扶贫路径探析［J］. 电化教育研究，2017，38（11）：32–37.

2020 年后我国金融扶贫的思考和建议[①]

（2020 年 2 月 28 日《农村金融研究》 张琦 樊响 孔梅）

摘要：2020 年是一个最具历史性意义的关键时点，不仅是实现全面建成小康社会目标之年，是打赢脱贫攻坚战实现农村贫困人口全部脱贫，贫困县全部摘帽，解决区域性整体贫困的历史性时刻，但是，这是否就预示着 2020 年后就没有贫困了呢？显然不是。党的十九届四中全会对此明确提出“打赢脱贫攻坚战，巩固脱贫成果，建立解决相对贫困的长效机制”的新使命和新任务。因此，作为打赢脱贫攻坚战的重要力量的金融扶贫，同样也将面临新的目标任务和重点转换，也同样需要在新的历史条件下，实现新的创新发展，这不仅是未来扶贫减贫面临的问题，也同样是金融工作面临的重要任务，对此，需要提早谋划，这样才能适应并出色地完成新形势下的新使命。对此，笔者将从未来我国减贫新战略、金融扶贫成效评估，未来金融扶贫的思考和建议几个方面进行探讨，以期对我国金融扶贫实践有参考价值。

关键词：减贫战略；金融扶贫；相对贫困；长效机制

一、2020 年后我国减贫战略面临的新变化

到 2020 年，我国现行标准下农村贫困人口将会如期全部脱贫，贫困县也将会全部摘帽，区域性整体贫困问题基本得到解决。但贫困问题仍将继续存在，但转向更高阶段的相对贫困时期。面对新阶段的宏观经济态势和

---

① 该成果是张琦教授主持的教育部重大攻关项目《贫困治理效果评估机制研究》的阶段性成果

贫困人口分布趋势，2020 年后的减贫标准和减贫战略重点思路和政策将会进行新的调整，扶贫减贫的治理体系出现新转变。

（一）减贫战略方向和重点将面临三大转变

2020 后的减贫战略方向和重点的变化主要体现在以下三个方面：一是由集中性减贫治理转向常规性减贫治理的方向转变。我国大规模扶贫始于 1986 年，在过去 30 年中主要依靠政府主导和推动，大规模、有组织、有计划地将扶贫开发作为党委、政府的一项重要任务，特别是"十三五"时期，将扶贫开发纳入全党全社会的重点工作，列入三大攻坚战的首要目标任务，采取了一系列过去没有的精准扶贫政策举措，体现了中国特色社会主义的制度优势和政治优势，是其他国家所无法具备的。但 2020 年以后，随着现行标准下贫困人口全部脱贫，建立一个稳定高效的新型扶贫机制，由集中性减贫转向常规性减贫成为我国扶贫事业的重要战略转移路径。与过去主要通过行政举措推动不同，稳定、内嵌式、常规性的扶贫机制与社会保障、民生建设、现代农业建设和经济发展一样，将减贫事业渗透到国家常规性的工作之中。二是由主要解决绝对贫困向主要解决相对贫困转变。减贫战略的本质转变是由解决绝对贫困向解决相对贫困转变。经过"十三五"脱贫攻坚之后，我国绝对贫困问题将得以解决。2020 年后，我国减贫战略的重点转向相对贫困，这也是包括发达国家在内的其他各国共同面临的贫困问题。相对贫困和绝对贫困有一个重要的区别，就是相对贫困对应于低收入人口。2020 年后相对贫困标准的确定主要有四种方式。第一，按照收入的绝对水平予以确定，与现行贫困线的全国性统一标准不同，相对贫困标准依据地区发展水平设定高于现今全国贫困标准的收入水平；第二，按照一部分人的收入占平均收入的百分比确定，比如，把收入水平占人均收入的百分比低于 10% 或 20%、30% 等以下的群体作为相对贫困人口，当然具体比例的确定需要进一步的研究和论证；第三，参照国际标准进行确定，联合国、世界银行和其他发达国家均有相应的贫困指导线或救助标准，在综合国情实际和对比分析的基础上确定相对贫困线；第四，利用多维贫困识别和测度作为相对贫困和制定多维减贫政策的标准。诚然，相对贫困永远存在，其标准随社会经济发展将适时调整，减贫事业亦将永远持续。三是由重点解决国内贫困向国内减贫与国际减贫合作相结合的方向转变。减贫发展国际化是建构中国新型扶贫治理体系的重要组成部分。经济全球化深入发展，把世界各国利益和命运更加紧密地联系在一起。2020 年以后，我国提前完成 2030 年可持续发展议程的减贫目标任务，但应该看到，中国作为一个大国，国际义务和大国责任在 2020 年以后的国际社会与经济发展中将更加凸显。扶贫、脱贫亦如此，如果说以前我国只要解决好本国减贫任务就算完成任务的话，那么，2020 以后的国际减贫合作与国内减贫融合推进也是我国新时期减贫的重大责任。因此，未来我国减贫所担当的责任将会更加艰巨。中国的"一带一路"倡议，同样也将助推国际减贫事业共享发展。以亚洲基础设施投资银行为载体，加强中国及其他亚洲国家和地区合作、互联互通等都是中国履行大国责任、开展国际减贫与发展合作的开始。

（二）2020 年以后我国减贫阶段性的时序推进轨迹

新时期我国减贫战略和减贫治理体系的转变和形成并非在短时期内就能完成，这是一个长期缓慢的过程。综观世界各国减贫历程和中国减贫实践及未来中国社会经济发展趋势，我们认为这个过程的可能轨迹是：第一阶段（2020—2025 年），扶贫脱贫巩固阶段，其重点任务是：第一，巩固已有的减贫成效，夯实减贫成果，继续保持原有各项减贫政策的延续；第二，阻断返贫路径，重点是对返贫较多的区域和人群加大实施减贫扶持带动政策；第三，城乡公共服务均等化政策快速推进和实现；第四，逐步推进和加大实施国家在消除和减少群体差距上的政策力度，以缩小群体差距为重点。第二阶段（2025—2035 年），扶贫新战略确定并快速推进阶段。其战略重点是相对贫困标准确定，国家集中减贫体制的确立；现有体制向城乡一体化融合体制转化试点；救济与扶贫融合体制试运行；社会扶贫机制构建与快速推进，以"一带一路"为主线的国际扶贫合作快速推进和发展。第三阶段（2035 年—2050 年），国家减贫战略稳步推进，建设幸福中国。此阶段减贫战略重点是：相对贫困的标准在不断提升，国家减贫政策制度化（救济与减贫全面融合、城乡减贫融合、社会福利与公共服务均等化快速推进，全社会扶贫制度化逐步规范、成熟化），扶贫合作交流全球化快速推进。减贫目标是收入和生活迈向富裕，营养质量和健康水平快速提升，社会扶贫现代化，彰显减贫的大国责任；健康、绿色、生态和低碳的社会经济共享发展格局全面形成；全面小康和全民富裕——幸福中国基本实现。

（三）2020 后我国减贫面临的重点任务和路径

第一，积极探索构建解决相对贫困长效机制的新路径。2020 年后，消除绝对贫困而进入到相对贫困新阶段，创新并建立一套缓解相对贫困的长效机制是国家面临的新任务和新使命。为此需要在以下几个方面进行探索：其一，明确新时代减贫体制机制新转变基本定位；其二，构建和完善新时代减贫的财政和金融机制新路径；其三，构建社会保障扶贫的长效机制。

第二，积极探索多维贫困和相对贫困新标准、新方法、新思路。跨越绝对贫困门槛后，相对贫困的特征更加复杂、多维，我们在现有维度基础上，将生活质量、平等机会等多种要素纳入考量范围，提高识别的精度。构建以“相对贫困”为核心的全系统、多层次、多领域、多方位的扶贫体制机制。

第三，积极探索城乡统筹减贫体制与机制改革的新路径。伴随全面小康社会的建成，2020 年后三农领域下的扶贫将不断转化为城乡一体化语境下的扶贫。如何从城乡统筹视角缩减贫富差距、化解相对贫困困境、审视可行能力发展问题变得极为重要。一是区别人口类型，在完善城乡一体化保障体系方面可以尝试进行大胆的探索和试点；二是在推进新时代消除城乡户籍二元制度改革方面进行试点探索，健全新时代城乡管理新型体制和政策体系。

第四，积极探索和培育内生动力和乡村文明方面的新路径和新方法。全面小康社会的建成，要求精准扶贫的新战略向更高层次、更高质量推进，特别是多维贫困、文化贫困、能力贫困、人力资本贫困等引发贫困循环陷阱的致贫原因。一是激发内生动力，打造反贫困长效机制；二是营造积极向上社会氛围，重塑勤劳致富美德之风。扶志扶智的激励机制更应该成为缩小人与人之意差距的重要手段，调动人们主动发展的积极性，以精神文化之“食”来补乡村振兴之“空”。

第五，积极探索 2020 年后绿色减贫新理念和新制度框架。一是绿色减贫融合生态资源开发利用与环境保护伦理意蕴，是破解生态贫困难题的根本手段，2020 年后的减贫战略更应把绿色发展理念贯穿全过程，摆脱单方面追求经济层面减贫的短期目标，促进人与自然和谐发展；二是守住绿色底线，不断探索扶贫产业与绿色发展要求相契合的新型减贫模式；三是强化绿色生态经济理念，构建绿色减贫体制、机制。

第六，更加注重探索新时代教育减贫制度体系变革的新路径、新方法。现阶段的教育减贫主要是保证贫困人口的基础教育，保证贫困家庭的儿童不辍学，但尚未实现教育的高质量化和公平性。2020 年后，提升贫困儿童的教育水平应当作为教育减贫的重点。一是树立长远利益观念，正视教育减贫重要性。加大对教育减贫投资力度，提高教育质量；二是借鉴国内外经验，创新教育减贫机制。将教育与能力贫困、文化贫困和人力资本贫困理论紧密联结，完善教育扶贫体系；三是精准发力贫困人群，建立全领域教育体系。

第七，积极探索构建持续增收减贫的长效机制新方法、新路径。2020 年以后，持续增收的长效机制仍然是相对贫困长效机制的重要内容。一方面，要做好产业培育与产业升级的衔接，发挥好贫困地区在资源环境、品种特色等方面的优势，以市场为导向开展生产经营，长短结合培育壮大乡村产业。要进一步加快全产业链、全价值链建设，发挥农业多功能性，促进乡村经济再生，将乡村产业打造成为持续增收的“长效之源”。另一方面，要全力推进就业扶持，精准施策做好就业服务，提升农民群众等群体就业意愿，提高劳动报酬在初次分配中的比重。

二、对我国金融扶贫成效简要评价

金融扶贫是在政府主导下，以扶贫机制创新为保障，秉持扶贫济民初心，瞄准脱贫攻坚目标，将金融资源向贫困地区引流，为那些尚未得到或未充分得到金融服务的贫困群体提供必要的金融服务。金融扶贫的核心理念，就是聚焦向贫困地区或贫困群体提供专门金融服务，以实现减贫、脱贫的国家战略目标。

（一）我国金融扶贫发展历程经历了逐渐深化、不断优化和变革创新的过程

改革开放以来，我国扶贫模式由救济式扶贫转变为开发式扶贫，并从 2012 年起开始实施精准扶贫，扶贫方式也从临时性救济转变为贫困人口自我发展能力的提升。这一时期，中国金融扶贫模式也随着扶贫实践的改变和扶贫理论的发展而不断完善和发展，从发展历程上看，中国金融扶贫主要包括三个发展阶段。

第一阶段：1978 年—1997 年扶贫贴息贷款为主的金融扶贫模式。该阶

段的金融扶贫主要通过农业银行为贫困地区和贫困人口生产活动提供的贴息贷款来开展贫困帮扶工作，其特点是开始重视发展生产活动的减贫效应，扶贫资金没有局限于保障贫困人口最低生活标准，而是专注促进贫困地区种植业、养殖业和配套加工业的发展。该阶段的金融扶贫模式存在着明显缺陷：一是全局化扶贫开发不足，扶贫资金仅在微观层面发放给企业和贫困户，缺乏对贫困地区扶贫开发的统筹性和协同性；二是扶贫主体和参与形式单一，扶贫贴息贷款全部由农业银行发放和管理，其他机构参与扶贫程度不足。

第二阶段：1997 年—2012 年扶贫贴息贷款与扶贫小额信贷并重的金融扶贫模式。该阶段的金融扶贫模式主要是扶贫贴息贷款和小额信贷共同发展，呈现出三个特点：一是微观与宏观并重，重视发展企业和产业对减贫的溢出效应；二是扶贫资金规模不断扩大，期限不断拉长；三是金融扶贫主体更加多样，商业银行、政策性银行、合作银行、小额信贷组织分工协作，共同发力支持扶贫。所存在的问题包括：一是扶贫识别机制不精准，扶贫资金和扶贫项目针对性不强；二是金融扶贫产品依然单一，以银行信贷服务为主要产品。

第三阶段：2012 年—2020 年精准扶贫实施后的金融扶贫阶段。该时期国家实施精准扶贫战略，同时随着互联网金融、金融科技快速发展，新理念、新方法、新技术逐渐应用于扶贫领域，金融扶贫呈现三个特点：一是帮扶主体更加全面，银行、证券、保险等金融监管机构从不同行业角度出台金融扶贫指导意见，各类金融机构也积极参与扶贫，使金融扶贫成为制度化、系统化、协同化的政治任务，贫困地区金融服务供给大幅改善；二是数字技术深度融合，扶贫“靶向”更加明确，金融机构通过人工智能等技术，能够精准地对农户“画像”，可以对各种扶贫需求进行精准识别，灵活高效地配置扶贫资金资源，使扶贫资金供给精准到位，金融服务效率明显提升；三是金融服务产品丰富多样，扶贫产品从单一的扶贫贷款转变为多种金融方式共同支撑的格局，服务的便捷性、个性化程度也不断提升。

在 2020 年即将由绝对贫困阶段转向相对贫困阶段的背景下，当前金融扶贫模式所存在的问题包括：一是金融机构内生驱动力不强。当前，很多金融机构在政府政策和财政补贴驱使下，做的扶贫工作很多是“要我扶贫”，但就如何形成“我要扶贫”的内生驱动力还需进一步探索；二是金融服务质量不高。当前扶贫模式在解决金融服务“有没有”的问题上成效明显，但在金融服务“好不好”的问题上还要继续探索，在服务价格、风险防控、生产经营融合方面仍然质量不高；三是“数字鸿沟”填补不够。很多贫困地区地处偏远农村，很多人并不拥有任何数字设备，在数字金融背景下，他们可能被整体忽略；四是贫困户金融素质培养不足。贫困地区金融消费者的知识和素养难以适应快速发展的金融业态，存在“等资金”“等服务”“等指导”的问题，不会主动发现和探索金融服务价值。

（二）我国金融扶贫的成效相当明显

我国贫困人口从 2012 年年末的 9899 万减少到 2018 年年底的 1660 万，累计减少贫困人口 8239 万，贫困发生率从 10.2% 下降到 1.7%。这些成就的背后离不开金融扶贫的大力支持和全面助力与推动。

第一，我国金融扶贫成效体现在多维度全面提升。其一，政策体系日益健全，打造良好政策环境。十八大以来，党中央、国务院持续深化金融扶贫工作，不断丰富和完善金融系统的扶贫政策体系。随着十九大报告提出要更好地发挥金融部门在扶贫工作中的作用，国家层面陆续出台众多金融服务精准扶贫的相关政策，加强金融扶贫制度保障。其二，金融服务覆盖扩大，基础服务水平提高。银行业网点乡镇覆盖率达 96.3%，金融服务“最后一公里”已基本打通。以农业银行为例，该行在国家扶贫重点县实现了营业网点全覆盖，电子机具行政村覆盖率超过 80%，其构建的“物理网点 + 自助银行 + 惠农金融服务点 + 互联网金融平台 + 流动金融服务”的“五位一体”新型渠道服务体系，贫困地区群众“足不出村”即可获得金融服务。其三，建设多层次金融市场，形成综合服务机制。在人民银行、银保监会、证监会的组织协调下，我国不断加强农村尤其是贫困地区金融市场建设，金融各行业加快推进扶贫事业，建成了信贷市场、证券市场、保险市场综合服务的市场格局。

第二，金融扶贫法律政策环境支撑和保障作用是关键。主要表现在：其一，顶层设计发挥了战略统领作用。2018 年中央一号文件《中共中央、国务院关于实施乡村振兴战略的意见》，明确 2020 年前后金融扶贫工作的总体部署。2018 年 6 月，中共中央、国务院印发《关于打赢脱贫攻坚战三年行动的指导意见》，将金融扶贫定位为精准脱贫攻坚的支撑保障体系的重要组成部分，明确 2018 年—2020 年金融扶贫目标任务和具体措施。同年 9

月，印发《乡村振兴战略规划（2018年—2022年）》，对金融助力脱贫攻坚和乡村振兴进行了详细规划。2019年中央一号文件《中共中央 国务院关于坚持农业农村优先发展 做好“三农”工作的若干意见》，根据新形势、新变化提出新要求，引导金融资源进一步向深度贫困地区倾斜。其二，普惠金融在持续激发经济活力方面效果明显。为贯彻落实《推进普惠金融发展规划（2016年—2020年）》（国发〔2015〕74号）要求，加快建立普惠金融服务和保障体系，2019年9月，财政部修订发布《普惠金融发展专项资金管理办法》，要求发挥财政资金的引导撬动作用，提高普惠金融服务水平，着力弥补市场失灵，保障农民、城镇低收入人群、贫困人群和残疾人、老年人等我国普惠金融重点服务对象的基础金融服务可获得性和适用性。同年11月，国家税务总局、银保监会印发《关于深化和规范“银税互动”工作的通知》，旨在通过纳税信用信息建设，破解民企和小微企业融资难题，充分发挥普惠效能。其三，强化对“三农”支持，以促进贫困地区发展达到带贫促贫和脱贫效果和目标。健全农村金融服务体系，推动农商行、农信社、合作银行等农村金融机构回归本源，为本地“三农”服务，提升债券、股票等资本市场服务“三农”水平。加强财税支持力度，推行农村金融机构定向费用补贴政策，开展农业保险保费补贴政策，实施110项脱贫攻坚相关税收优惠政策。创新货币和信贷政策，落地差异化存款准备金政策，发展支农再贷款和再贴现政策。完善金融监管政策，调整农村金融市场准入机制，适度放开准入条件，提高涉农贷款容忍度，建立涉农、扶贫金融服务尽职免责制度。

第三，我国金融扶贫市场发展格局呈现多元化且相互融合。主要表现在：其一，让贫困地区农村信贷市场持续壮大。一是增加信贷投放，截至2019年3月末，全国银行业金融机构发放扶贫小额信贷余额2421.24亿元，余额覆盖建档立卡贫困户628.74万户，为脱贫攻坚提供有效资金保障。二是创新信贷服务，简化办理手续，增强贫困地区农户贷款可得性和便捷性，比如，山西省农信社积极借助现代化电子渠道，拓展助农取款服务点1.37万个，运行流动服务车30台，打通贫困地区金融服务“最后一公里”。同时，银行信贷资金正在推动与多方资本协同，不断拓展贫困地区资金总量和融资渠道。三是丰富信贷品种，涉农金融机构不断加强农村场景建设，因地制宜推出许多特色化农村信贷产品，如“惠农e贷”“助农薯业贷”“益农贷”“财政惠农信贷通”“政银保”“两权抵押贷款”“白银质押贷款”“回乡创业贷款”等，极大地提高了农村金融服务质量和效率。

其二，证券市场综合服务能力拓展对贫困地区助力脱贫放大器作用明显。一是引入资本市场“活水”，着力助推产业发展。证券行业利用专业特长，为贫困地区企业规范公司治理，改善融资状况提供专业服务，培育产业“造血”功能，累计完成融资项目 63 个，帮助贫困地区企业融资 2684 亿元。二是发动行业扶贫力量，构建贫困帮扶合力。证券业开展“一司一县”结对帮扶，截至 2019 年 5 月，全国证券公司共结对帮扶国家级贫困县 285 个，并引导社会各界共同帮扶，累计发动公益捐赠 6 亿元，推动形成行业扶贫攻坚合力。三是强化扶贫信息共享，构建数据支撑体系。证券业协会指导建设了金融扶贫综合服务平台，具有县域展示、产业扶贫、公益扶贫、消费扶贫等模块，目前已为 220 个国家级贫困县提供县域展示服务，形成了扶贫提供归一化、全视图的信息报送、共享和展示窗口，积极传播扶贫正能量。

其三，保险市场对贫困地区特殊性保障支撑作用相当明显。一是农业保险成为巩固脱贫成效的重要保障。2019 年上半年，全国农业保险为 1500.52 万户次受灾农户支付赔款 203.09 亿元，农业保险有效遏制了贫困农户因灾返贫、因灾致贫的问题。二是保险扶贫增信体系成为贫困地区吸纳信贷资源的有力支撑。截至 2018 年年末，涉农小额贷款保证保险已实现保费收入 4.1 亿元，赔付支出 8.3 亿元，帮助 20 万农户撬动“三农”融资贷款 138 亿元。三是保险扶贫投资体系成为引导保险资金定向流动的风向标识。如国务院国资委牵头 110 家央企发起设立中央企业贫困地区产业投资基金，目前已完成三期募资，总规模达到 314 亿元，基金通过直接投资、在重点省区设立子基金、发起扶贫基金联盟等方式，撬动超 1700 亿元的资金投入贫困地区。

（三）现阶段我国金融扶贫的局限性及存在的不足

我国金融扶贫在精准扶贫中取得了良好成效，但也存在着很多缺陷和不足，有些可能是制度性缺陷导致的，有些是由于方法方式应用上导致的不足，因此，一些应急性的短期化、突击式、特惠化的政策举措（通过给予建档立卡贫困户特殊的金融扶持，推动贫困人口集中脱贫），等等，从长期看制度化和规范化还有待在政策上和实践上进行优化，需要在常规化、制度化运行机制方面进行完善。从金融的角度来看，主要表现在：

第一，政策衔接不到位，减贫可持续性能力略显不足。金融扶贫的目的是在政府政策的支持下，全面改进和提升贫困地区金融服务，使贫困群体获得金融服务的均等性、公平性长期得到保障。《中共中央、国务院关于实施乡村振兴战略的意见》强调，要做好乡村振兴战略与打好精准脱贫攻坚战的有机衔接。但就目前金融扶贫供给体系而言，还有一些不足之处。一是国家政策衔接不足，有的优惠政策只服务于贫困地区脱贫摘帽，在贫困地区完成摘帽目标后就立即停止并撤出，有的优惠政策只惠及贫困线以下群体，对于刚过贫困线但又生活拮据的贫困户缺乏保障。此外，上级政府对贫困地区的考核往往局限于脱贫攻坚指标，而对乡村振兴相关指标重视不够，考核的指挥棒作用发挥不佳。二是金融部门工作机制衔接不足。金融部门对脱贫摘帽的贫困地区，往往缺乏从金融扶贫与乡村振兴过渡的接续工作机制，对该地区的发展指导和帮扶机制不健全。三是金融产品和服务衔接不足。受金融扶贫政策驱使，金融机构着眼于开发特色扶贫金融产品，通过特殊化的政策安排，为贫困地区提供差异化金融服务，但随着贫困地区接连摘帽、贫困户逐步脱贫，特色化扶贫金融产品适用面缩小，产品适用对象减少，在满足贫困地区差异化金融需求方面的功能逐渐减弱。

第二，过度依赖财政补贴，市场机制运用需要加强。目前，在“特惠帮扶”理念下，金融扶贫立足脱贫攻坚目标，给予贫困群体特殊化、超常规、大力度的资源倾斜，助力贫困群体脱贫。但需注意的是，金融扶贫归根到底是用金融手段缓解贫困问题，从长期发展看，需要有市场化运作方式，让市场在金融资源配置中发挥决定性作用。但就目前运作来看，过度财政依赖特征明显。过度依赖补贴的金融扶贫，主要存在三个方面缺陷：一是金融扶贫深度不足，贫困地区金融基础设施投入不充分，特别是对金融科技的投入较少，金融服务在价格、服务效率、风险防控等方面发展仍然滞后，法律监管、信用覆盖、互联互通仍然不足。二是金融机构长期帮扶意愿不强。三是对贫困人口引导不足。无息贷款、贴息贷款、担保贷款容易给人造成“有政府兜底，能不还就不还”的错觉，从而滋生贫困人口的道德风险，贫困群体诚实守信、合理还本付息的观念还有待进一步加强。

第三，非营利性机构发育不充分，金融扶贫服务供给存在短板。理论上，金融扶贫体系的金融服务提供者，包括从正规的政策性银行、商业银行，到非正规的民间借贷机构，以及处于它们中间的合作金融机构、公益性机构等各类组织。各类金融机构各有所长，分工协作、适度竞争能发挥其优势互补、效益叠加的作用。近年来，国家加快推动农村信用社商业化改制进程，而对非营利性的金融组织和合作金融组织的倡导、支持、规范不足。对贫困户而言，他们由于往往缺乏有效抵押物、有效担保，收入水平也达不到贷款审核最低要求，所以普遍较难从正规金融机构获得金融服务。调查数据显示，农村贫困地区仍有 1/3 左右的人有民间借贷行为，从侧面反映出贫困户从正规金融机构获得的贷款资源不足，表明贫困地区金融供给存在结构性短缺。

在金融扶贫领域，商业银行由于主客观原因，参与程度不够深入；由农信社改制而来的农商行，以盈利为导向，也很难彻底解决金融排斥问题。而社会企业形式的合作金融和非营利性金融组织的工作宗旨和目标并不追求利润，与商业金融相比，从体制、机制和发展情怀方面，都具有优势和特殊作用。其中，合作金融的组织者、管理者和受益者是同一主体，在金融扶贫方面具有更大的优势。但实际上，合作金融的发展不容乐观：一方面，农信社商业化改制全面推进，现存银保监会批准设立的农村资金互助社只有 45 家，各地方政府批准设立的资金互助社质量参差不齐，存在鱼龙混杂、浑水摸鱼的问题；另一方面，由于合作金融机构“小、多、杂”，监管力量相对不足，难以形成有效监管。

三、2020 年后金融助力解决相对贫困长效机制的思考和建议

对应贫困地区发展和减贫脱贫战略的转变，2020 年后我国金融扶贫的思路也需要作出调整，其中，既包括按新的理念明确工作思路，又包括按效能原则推进金融服务有效切入，以市场化原则，促进金融服务减贫脱贫长效化和农村发展可持续。

（一）注重理念更新，明确未来金融扶贫总体思路

2020 年后金融扶贫，应着力“四个转向”：一是从消除绝对贫困转向相对贫困，根据相对贫困标准的动态变化，实时调整相对贫困帮扶对象，并通过多层次的农村金融市场体系和组织体系，为相对贫困群体提供更深层次、更多样化的金融服务；二是从连片扶贫转向散点扶贫，扶贫靶向将由贫困县、贫困村转向散落在全国（包括农村和城市）的相对贫困群体，

从金融扶贫角度看，不仅要注重加强农村地区的金融支持，也要关注散落在城市中的落后地区和弱势群体的金融支持；三是从收入扶贫转向能力扶贫，从金融扶贫角度看，不仅要保障相对贫困地区的信贷支持、资源倾斜，还要加强相对贫困群体抵御风险、公平竞争、自我发展等能力；四是从原生扶贫向代际扶贫转变，在原生贫困减少的基础上，重点关注那些因政策缺陷、结构失调、教育不足、利益僵化等导致的代际贫困问题。

该时期的金融扶贫，要聚焦相对贫困问题的新形势，加速推动金融服务模式升级，加快健全政策体系，完善农村金融市场，以求更好地满足相对贫困人口层次更高、种类更多、变化更快的金融需求。金融扶贫工作的基本原则主要包括：

一是制度先行，不断加强新时期解决相对贫困的金融扶贫制度保障。发挥党在新时期金融扶贫工作中总揽全局、协调各方的作用，将中国特色社会主义在解决相对贫困问题上的制度优势转化为实际战斗力。构建瞄准相对贫困的制度体系，明确相对贫困标准确定、内生动力激励政策、金融部门的主体责任、扶贫资金安排和管理等问题，优化金融部门参与金融扶贫的支持措施。

二是市场导向，推动解决相对贫困的金融扶贫工作常态化。重点采用市场化金融手段，破解金融扶贫对财政补贴过度依赖的问题，转变过去短时期、特惠化的金融扶贫模式，建立商业可持续、市场化的金融扶贫模式。推动金融机构将金融扶贫嵌入日常经营管理战略，建立以普惠金融为主的服务体系，运用普惠化、常规化的方式，持久、稳定推进金融扶贫。

三是多维扶贫，全面提升贫困地区解决相对贫困的基础服务水平。着力提高相对贫困地区教育、卫生、饮水等多种服务水平，发挥银行、证券、保险、互联网金融等行业优势，拓宽打通电力、水务、工商、教育、医疗等企业融资渠道，并配套风险分散、风险定价、降低交易成本等方式，不断满足相对贫困群体多维扶贫的需求。

（二）注重机制创新，不断强化金融扶贫服务能力

第一，在运行机制上，充分发挥市场在消除相对贫困中的决定性作用。十九届四中全会公报要求，充分发挥市场在资源配置中的决定性作用，因此，解决相对贫困问题也要用市场经济的方式，不断增强金融扶贫的可持续性。一是构建“政府引导、市场决定”的相对贫困治理体制机制，主动

贯彻新发展理念，推动经济长期可持续增长，不断“做大蛋糕”，夯实解决相对贫困的物质基础。二是深入运用市场机制推进“造血式”扶贫，充分调动相对贫困群体自身的积极性、主动性、创造性，推动扶贫与扶志、扶贫与扶智深度融合，激发相对贫困人口摆脱贫困的内生动力。三是发展农村金融配套支持政策，维护市场机制有效运行，注重农村金融机构商业化经营中的权利保护，促进形成正向的市场化引导激励机制。四是鼓励市场资源向相对贫困地区倾斜，充分调动合作金融、非正规金融等社会各界力量参与减贫，持续拓展相对贫困人口参与市场的机会和空间。

第二，在解决相对贫困的服务机制上，大力发展解决相对贫困问题的数字普惠金融能力。研究表明，数字普惠金融能力的提升能显著改善相对贫困问题，数字普惠金融能力每增强一级，相对贫困发生概率就会在原有基础上下降 16.51%。发展数字普惠金融，改变金融扶贫服务机制，就是要构建以数字化、智能化为核心，以大数据、人工智能、物联网、云计算等新兴技术为驱动力的服务体系，通过互联网化、科技化手段，消除相对贫困人口因地理、评估、认知等多种因素引起的金融排斥问题，引导金融资源向底层有效渗透，重点加强小微企业、低收入人群、残疾人、老年人等弱势群体风险识别，并智能推荐相适应的金融服务。

第三，在创新机制上，提升金融解决相对贫困问题中的服务质量和创新活力。一是改变绩效考核评价标准和办法，发挥好对金融机构解决相对贫困考核的“指挥棒”作用。改变过去单一考核财务绩效办法，对农村金融机构解决相对贫困的考核，要从金融服务解决相对贫困的覆盖率、可得性和满意度等方面进行多维评价。二是建设鼓励解决相对贫困的创新政策环境。通过建立解决相对贫困的物质激励、精神激励、建立创新等级制度等方式鼓励员工形成解决相对贫困的创新意识，通过设立解决相对贫困的创新风险基金，加强对解决相对贫困的产品创新的风险容忍性和包容度，推动金融机构内部形成“众创众测”浓厚氛围，促进全员参与解决相对贫困的产品创新和服务测试。

（三）注重金融扶贫的支撑体系，保障各项金融举措落实到位

通过健全金融政策体系、信用体系、组织体系、金融扶贫教育体系“四大支柱”，建立解决相对贫困时期的金融扶贫支撑体系，保障各项举措全面落实到位。

第一，健全新时期解决相对贫困的金融扶贫政策新体系。具体包括：建立与解决相对贫困相适应的金融扶贫政策体系，强化货币政策、财政政策的激励促进作用，推动各方形成政策合力，在推进多维扶贫、基本公共服务均等化、特殊困难群体救助、低收入群体增收等的过程中，激发金融机构参与解决相对贫困的内生动力，持续完善金融机构监管制度，推动新型合作金融纳入监管体系。

第二，完善新时期解决相对贫困的金融扶贫信用新体系。基于全渠道、全领域、全系统信息，运用大数据、人工智能等技术，精准描绘相对贫困户的信用特征，构建完善的金融扶贫信用体系。一是加强信息采集分析，改善农村信用环境。各类机构联合，统一组织采集、登记农户的信用信息，完善金融与工商、税务等条线的信息共享机制，建立全方位、综合化的农户信用档案。二是建立信用信息系统，提高信用分析决策效率，实现农村信用信息统一存储、统一管理、统一视图，通过建立实时量化的信用分析模型，简化农村地区尤其是针对相对贫困群体的信用管理层次，加快相对贫困人口信用信息的迭代更新，提高信息流动速率，提高金融服务部门管理决策效率。

第三，推广新时期解决相对贫困的金融扶贫教育新体系。一是重点加强针对解决相对贫困的群体的金融启蒙和教育，培养其新时期金融知识和正确的金融新观念，为新时期解决相对贫困的金融扶贫服务提供基础和保障。二是重点建设解决相对贫困的农村诚信体系，提高相对贫困地区整体金融道德水平，构建诚实守信的文化氛围。大力宣传农村征信知识，促进相对贫困群体严格筑牢骗贷、骗保和恶意逃债等的思想底线。

参考文献

[1] 张琦，孔梅．“十四五”时期我国的减贫目标及战略重点［J］．改革，2019（11）：117–125.

[2] 吴国宝．改革开放40年中国农村扶贫开发的成就及经验［J］．南京农业大学学报（社会科学版），2018，18（06）：17–30.

[3] 范昕墨．中国农村金融改革40年：历程回顾与未来展望［J］．改革与战略，2019，35（01）：41–49.

[4] 张永丽，徐腊梅．中国农村贫困性质的转变及2020年后反贫困政策方向［J］．西北

师大学报（社会科学版），2019，56（05）：129–136.
［5］张琦，孔梅. 治理现代化视角下新时代中国绿色减贫思想研究［J］. 西安交通大学学报（社会科学版），2019，56（05）：1–10.
［6］汪三贵，冯紫曦. 脱贫攻坚与乡村振兴有机衔接：逻辑关系、内涵与重点内容［J］. 南京农业大学学报（社会科学版），2019，19（05）：8–14.
［7］国务院扶贫办全国扶贫宣传教育中心主任研究员黄承伟. 打好脱贫攻坚战是实施乡村振兴战略的优先任务［N］. 贵州日报，2015–12–20.
［8］周孟亮，彭雅婷. 我国金融扶贫的理论与对策——基于普惠金融视角［J］. 改革与战略，2015，31（12）：40–44.
［9］张承惠，潘光伟等. 中国农村金融发展报告：2017–2018，［M］. 中国发展出版社，2019.
［10］张承惠. 中国农村金融发展报告 –2015［M］. 中国发展出版社，2016.

第四部分　中国减贫政策与张琦教授之采访篇（2019 年—2020 年）

参与录制通俗理论节目《脱贫攻坚在路上》第四集《撸起袖子加油干》

由中央宣传部理论局、全国扶贫宣传教育中心、中共四川省委宣传部、四川广播电视台联合摄制的通俗理论对话节目《脱贫攻坚在路上》，于2019年4月12、13日晚20：00在中央电视台纪录频道每晚两集连播，《四川观察》同步播出。

张琦教授（右一）参与节目录制

距离2020年实现我国现行标准下农村贫困人口脱贫、贫困县全部摘帽、解决区域性整体贫困只剩不到两年的时间。脱贫攻坚的难点在哪里？重点如何抓？如何提高脱贫质量？如何防止返贫？

《脱贫攻坚在路上》第四集《撸起袖子加油干》，从如何摆脱深度贫困、提高脱贫质量、防止返贫，以及脱贫攻坚与乡村振兴怎样有机衔接等方面，重点解读党中央鏖战深度贫困、决胜全面小康的新部署、新要求。

参加全国政协第 26 次双周协商座谈会为脱贫攻坚建言献策

2019 年 7 月 26 日，十三届全国政协第 26 次双周协商座谈会在北京召开，中共中央政治局常委、全国政协主席汪洋主持会议并讲话。10 位委员、1 位地方同志和 1 位专家学者围绕巩固脱贫成果、减少和防止返贫，从培育产业、扩大就业、医疗保障、教育培训、金融支撑等方面建言咨政。

北京师范大学经济与资源管理研究院党总支书记、北京师范大学中国扶贫研究院院长张琦教授作为唯一专家代表应邀参加了本次双周协商座谈会并发言。本次座谈会的主题是围绕“巩固脱贫成果，减少和防止脱贫后返贫”。4 位全国政协副主席、部分部委领导及多位政协常委和委员等 25 人参加协商座谈会。

受邀参加中华全国新闻工作者协会第 133 期新闻茶座

2019 年 9 月 10 日，中国记协在京举办第 133 期新闻茶座，邀请我院张琦教授以“中国的脱贫攻坚”为主题，与国内外记者交流。参加这次茶座的有外国媒体驻京记者、港澳台在京记者、外国驻华使馆新闻官和境内媒体记者等 80 人。

张琦教授长期从事脱贫和区域经济发展方面的研究。据他介绍：“从 2012 年到 2018 年，我国农村贫困人口从 9800 万减少到 1600 多万，已有 436 个贫困县经过考核评估，宣布脱贫摘帽。建档立卡贫困村从 12.8 万个减少到 2.6 万个。按照目前的工作进展看，实现 2020 的脱贫攻坚目标，是完全可以实现的。致贫因素是什么？这是建档立卡当中非常有价值的信息。它可以指导我们要制定的脱贫方案，如何部署，如何扶持贫困户，等等。通过建档立卡我们发现，因病致贫人口占贫困人口总数的 40%，因技术致贫占 22.3%，因残致贫占 5.8% 等，在上述数据基础上采取相应措施才能更加精准，同时也为制定对策、思路部署提供了很大的便利条件。”

张琦教授指出 2020 年实现农村贫困人口脱贫、贫困县摘帽、解决区域性整体贫困，这是我们要达到的目标。我国制定和实施了很多政策、行动、工程等，脱贫攻坚取得决定性的进展——农村的贫困人口减少、贫困发生率下降、贫困县摘帽、贫困村退出等方面成效明显，到 2020 年可如期实现脱贫目标。“我们建立以精准扶贫为核心的责任体系、政策体系、投入体系、动员体系、督查和考核评估体系，保证了脱贫攻坚稳步推进。”

张琦教授还围绕“金融扶贫中资金使用效率”“数字技术助推脱贫攻坚”“扶贫干部减负”等问题，回答了中外记者的提问。

接受《川报观察》采访

2020 年，我国将消除绝对贫困，但相对贫困问题还会长期存在。目前，如何治理相对贫困，大多还处于学界的讨论中。毋庸置疑的是，巩固脱贫攻坚战成果，是解决相对贫困的重要基础和前提。这其中既涉及扶贫产业后续发展，也涉及贫困老乡就业技能培训，同时还要关注扶贫产品销售等问题。对此，北京师范大学中国扶贫研究院院长张琦，提出了自己的看法。

记者： 随着摘帽县越来越多，如何巩固脱贫成果也成为大家关注的重点，您认为成果巩固有哪些重点？

张琦： 巩固成果的实质，就是提高脱贫的质量。从方向上来看，我们需要重点针对“两不愁三保障”的薄弱环节和突出问题发力。尤其要关注当地产业发展的可持续性、就业的稳定性，以及当地居民收入的持续性和稳定性。其中，易地扶贫搬迁后居民的产业扶持，是我们需要巩固的重点。具体来看，在就业方面，我们要从解决实际问题的角度出发，解决扶贫工作中技能培训与就业实践匹配度不够等问题。帮扶的课程、对象与市场的衔接要更加精准，为他们提供技能培训、市场营销等系列精准帮扶，建立好产业发展的“造血”机制。针对深度贫困地区，这个巩固期的时间还需根据具体情况进行适当延长，以保证巩固质量。

记者： 防止脱贫人口返贫，防止边缘人口致贫，我们该如何建立健全返贫监测预警和动态帮扶机制？

张琦： 返贫监测预警和动态帮扶机制，分为监测预警和动态帮扶两个部分。监测预警，可以通过农户申请和部门大数据分析预警等方式，对易返贫和易致贫人口进行动态监测。动态帮扶，则是对监测结果里返贫和新发生的贫困人口，根据致贫原因和具体实际需求，及时提供帮扶。一些地方设立针对贫困人口的防风险基金，也是一种具有可操作性的方案。通过为重点贫困户购买相应保险的方式进行兜底，对重点群体进行预防，将在一定程度上防止返贫现象发生。

记者：产业发展是脱贫的根本。贫困地区发展产业，更应该注意哪些问题？如何衔接产销环节，让贫困地区的农产品卖得好？

张琦：农业发展的环境可以说是一个“露天工厂”，它的风险属性是客观存在的。要规避风险，首先要从基础设施建设入手，将农村的水利工程、电力设施等相关配套进一步完善，这样在面对自然灾害时才有更高的抗风险能力。市场风险也对扶贫产业发展带来很大影响。产品销路好，产业发展就好。最关键的是要对市场精准把握。要杜绝出现政府大力鼓励某一产业发展而产生供过于求的情况。各级政府在产业方向的引导上，一定要尊重市场规律、经济规律。

目前电子商务是很多地方共同选择的扶贫产品销售渠道。如四川也打造了“四川扶贫”公益性集体商标标识，线上线下同时销售，并积极推动这些用标产品进商超、进机关、进学校等。这个创新很好，但是要特别注意在品牌打造的过程中，保障产品品质，从而形成销售环节的良性循环，让产品销往更大的市场。

接受央视《新闻联播》和《朝闻天下》采访

中央经济工作会议、中央农村工作会议和全国扶贫开发工作会议相继召开。中央电视台《新闻联播》《朝闻天下》《东方时空》连日来分别播出了《2020 年脱贫攻坚任务确定》《2020，决胜脱贫攻坚》采访和政策解读。北京师范大学中国扶贫研究院院长张琦教授围绕脱贫攻坚及建立防贫返贫监测预警机制和解决相对贫困的长效机制等重要议题分别接受中央电视台记者采访，并在2019 年 12 月 22 日《新闻联播》和 2019 年 12 月 20 日的《朝闻天下》以及 2019 年 12 月 20 日的《东方时空》栏目中分别播出。

张琦教授在节目中表示："为了巩固脱贫成果，将建立机制，做好返贫人口和新发生贫困人口的监测和帮扶。在返贫中，非常重要的群体就是一些现在通过国家财政性、转移性收入占的比例比较大的群体，以及在经营性收入和打工收入等方面占比较小的群体。这是我们监测的重点。"

张琦教授自1988年开始，主要从事农村农业经济及农村扶贫研究，学术成果丰硕。2003年以来，主持完成了国家社科基金、国务院扶贫办、国家发改委、教育部等国家和省部级农村农业和扶贫脱贫课题100多项，多项成果被采纳。发表的学术论文300余篇，出版扶贫脱贫研究专著30多部。他倡导“绿色减贫”理念，首次构建了中国绿色减贫指数和指标体系。成果《中国绿色减贫研究指数报告2014》和《完善我国扶贫脱贫机制研究》分别获得第十四届和第十五届北京市哲学社会科学优秀成果二等奖。在扶贫脱贫体制机制研究方面，完成的“我国十三五期间扶贫脱贫机制研究”和“十三五期间我国扶贫脱贫目标任务”等成果被国务院扶贫办在制定“十三五”扶贫脱贫规划时参考。对2020年后我国扶贫战略的研究成果获得了习近平总书记、全国政协主席汪洋和国务院副总理胡春华的批示。对于防止和减少脱贫后返贫的研究报告被全国政协采纳，他所提出的意见和建议获中央领导批示。这体现了服务国家脱贫攻坚重大战略需求，为实现全面建成小康社会贡献北京师范大学中国扶贫研究院的才智。

后　记

总有一些年份会在时间的坐标上镌刻下辉煌的印记，2020年正是这样一个值得铭记的年份。这一年中国将全面建成小康社会，这一年困扰中华民族的绝对贫困问题将历史性地划上句号，农村贫困人口全部脱贫，贫困县全部摘帽，解决区域性贫困问题。这是一个伟大的历史性时刻，是中国完成第一个百年梦想的重要时刻。我们欣喜、我们欢歌，我们更加敬佩完成这一伟大创举，并为之奋斗的人们。

继连续出版《中国减贫政策与实践：热点评论（2013-2016）》和《中国减贫政策与实践：热点评论（2017-2018）》后，《中国减贫政策与实践：热点评论（2019-2020）》则是收集了2019年完成中国国际扶贫中心每月评论的主要内容，这项任务也算是告一段落，也正好是一次总结。另外，2020年后，当人们正在为完成2020年脱贫攻坚目标任务努力奋斗之时，突如其来的新冠病毒肺炎疫情给中国社会经济发展和人民正常生活带来了严重影响，并给完成打赢脱贫攻坚战目标任务产生了一定的冲击。对此，我和中国扶贫研究院团队积极关注并对贫困地区疫情防控及采取相应对策进行了调研并提出了一些意见和建议，也一起收录到今年这本集子里。

从2013年到2020年，正是中国脱贫攻坚进入到新的历史性重要阶段，伴随中国精准扶贫基本方略全面实施，中央打赢脱贫攻坚战的决定的出台，意味着中国历史上最波澜壮阔的减贫伟业拉开序幕，我们作为参与者和见证者感受深刻并被深深感动。作为研究者，我们也直接参与到贫困地区进行了实际调研，收获满满。随感撰写了一些评论和感想，记录这段历史瞬间的收获和体会。其中有很多内容也是我与我们团队的老师和同学一起完成的，在此表示感谢。

由于水平和能力所限，本书肯定存在很多问题和不足，敬请批评指正！

张琦

2020年4月16日